O SÉCULO XXI

socialismo ou barbárie?

COLEÇÃO

Mundo do Trabalho

Coordenação **Ricardo Antunes**

Conselho editorial **Graça Druck, Luci Praun, Marco Aurélio Santana, Murillo van der Laan, Ricardo Festi, Ruy Braga**

ALÉM DA FÁBRICA
Marco Aurélio Santana e
José Ricardo Ramalho (orgs.)

O ARDIL DA FLEXIBILIDADE
Sadi Dal Rosso

ATUALIDADE HISTÓRICA DA
OFENSIVA SOCIALISTA
István Mészáros

A CÂMARA ESCURA
Jesus Ranieri

O CARACOL E SUA CONCHA
Ricardo Antunes

A CLASSE TRABALHADORA
Marcelo Badaró Mattos

O CONCEITO DE
DIALÉTICA EM LUKÁCS
István Mészáros

O CONTINENTE DO LABOR
Ricardo Antunes

A CRISE ESTRUTURAL DO CAPITAL
István Mészáros

CRÍTICA À RAZÃO INFORMAL
Manoel Luiz Malaguti

DA GRANDE NOITE À
ALTERNATIVA
Alain Bihr

DA MISÉRIA IDEOLÓGICA À
CRISE DO CAPITAL
Maria Orlanda Pinassi

A DÉCADA NEOLIBERAL E A CRISE
DOS SINDICATOS NO BRASIL
Adalberto Moreira Cardoso

A DESMEDIDA DO CAPITAL
Danièle Linhart

O DESAFIO E O FARDO DO
TEMPO HISTÓRICO
István Mészáros

DO CORPORATIVISMO AO
NEOLIBERALISMO
Angela Araújo (org.)

A EDUCAÇÃO PARA ALÉM
DO CAPITAL
István Mészáros

O EMPREGO NA GLOBALIZAÇÃO
Marcio Pochmann

O EMPREGO NO
DESENVOLVIMENTO DA NAÇÃO
Marcio Pochmann

ESTRUTURA SOCIAL E FORMAS
DE CONSCIÊNCIA, 2 v.
István Mészáros

FILOSOFIA, IDEOLOGIA E
CIÊNCIA SOCIAL
István Mészáros

FORÇAS DO TRABALHO
Beverly J. Silver

FORDISMO E TOYOTISMO
Thomas Gounet

GÊNERO E TRABALHO
NO BRASIL E NA FRANÇA
Alice Rangel de Paiva Abreu, Helena
Hirata e Maria Rosa Lombardi (orgs.)

HOMENS PARTIDOS
Marco Aurélio Santana

INFOPROLETÁRIOS
Ricardo Antunes e Ruy Braga (orgs.)

OS LABORATÓRIOS DO
TRABALHO DIGITAL
Rafael Grohmann (org.)

LINHAS DE MONTAGEM
Antonio Luigi Negro

A MÁQUINA AUTOMOTIVA
EM SUAS PARTES
Geraldo Augusto Pinto

MAIS TRABALHO!
Sadi Dal Rosso

O MISTER DE FAZER DINHEIRO
Nise Jinkings

O MITO DA GRANDE CLASSE MÉDIA
Marcio Pochmann

A MONTANHA QUE
DEVEMOS CONQUISTAR
István Mészáros

NEOLIBERALISMO, TRABALHO
E SINDICATOS
Huw Beynon, José Ricardo Ramalho,
John McIlroy e Ricardo Antunes (orgs.)

NOVA DIVISÃO SEXUAL
DO TRABALHO?
Helena Hirata

NOVA CLASSE MÉDIA
Marcio Pochmann

O NOVO (E PRECÁRIO)
MUNDO DO TRABALHO
Giovanni Alves

A OBRA DE SARTRE
István Mészáros

PARA ALÉM DO CAPITAL
István Mészáros

A PERDA DA RAZÃO SOCIAL
DO TRABALHO
Maria da Graça Druck e
Tânia Franco (orgs.)

POBREZA E EXPLORAÇÃO DO
TRABALHO NA AMÉRICA LATIN
Pierre Salama

O PODER DA IDEOLOGIA
István Mészáros

A POLÍTICA DO PRECARIADO
Ruy Braga

O PRIVILÉGIO DA SERVIDÃO
Ricardo Antunes

A REBELDIA DO PRECARIADO
Ruy Braga

RETORNO À CONDIÇÃO
OPERÁRIA
Stéphane Beaud e Michel Pialoux

RIQUEZA E MISÉRIA DO
TRABALHO NO BRASIL, 4 v.
Ricardo Antunes (org.)

O ROUBO DA FALA
Adalberto Paranhos

O SÉCULO XXI
István Mészáros

SEM MAQUIAGEM
Ludmila Costhek Abílio

OS SENTIDOS DO TRABALHO
Ricardo Antunes

SHOPPING CENTER
Valquíria Padilha

A SITUAÇÃO DA CLASSE
TRABALHADORA NA
INGLATERRA
Friedrich Engels

SUB-HUMANOS
Tiago Muniz Cavalcanti

A TEORIA DA ALIENAÇÃO
EM MARX
István Mészáros

TERCEIRIZAÇÃO: (DES)
FORDIZANDO A FÁBRICA
Maria da Graça Druck

TRABALHO E DIALÉTICA
Jesus Ranieri

TRABALHO E SUBJETIVIDADE
Giovanni Alves

TRANSNACIONALIZAÇÃO DO
CAPITAL E FRAGMENTAÇÃO DO
TRABALHADORES
João Bernardo

UBERIZAÇÃO, TRABALHO
DIGITAL E INDÚSTRIA 4.0
Ricardo Antunes (org.)

István Mészáros

O SÉCULO XXI

socialismo ou barbárie?

Tradução
Paulo Cezar Castanheira

Copyright © István Mészáros. All rights reserved
Copyright © da edição brasileira, Boitempo Editorial, 2003

Título original: *Socialism or barbarism* – from the "American Century" to the Crossroads (Nova York, Monthly Review Press, 2001)

Tradução	Paulo Cezar Castanheira
Revisão	Leticia Braun
	Shirley Gomes
Capa	Antonio Carlos Kehl
Editoração eletrônica	Set-up Time Artes Gráficas
Editora	Ivana Jinkings
Editora assistente	Sandra Brazil
Coordenação de produção	Livia Campos
Assistência de produção	Camila Nakazone

CIP-BRASIL. CATALOGAÇÃO-NA-FONTE
SINDICATO NACIONAL DOS EDITORES DE LIVROS, RJ

M55s

Mészáros, István, 1930-
    O século XXI : socialismo ou barbárie? / tradução, Paulo Cezar Castanheira. - [1.ed., reimpr.]. - São Paulo : Boitempo, 2012.

    Tradução de: Socialism or barbarism
    Inclui índice
    ISBN 978-85-7559-025-6

    1. Capitalismo. 2. Imperialismo. 3. Socialismo. 4. Pós-modernismo. I. Título.

12-2383.   CDD: 330.122
                                                        CDU: 330.142.1

É vedada a reprodução de qualquer parte
deste livro sem a expressa autorização da editora.

1ª edição: janeiro de 2003; 1ª reimpressão: setembro de 2003;
1ª edição revista: maio de 2012; 1ª reimpressão: novembro de 2017;
2ª reimpressão: abril de 2021; 3ª reimpressão: setembro de 2021

BOITEMPO
Jinkings Editores Associados Ltda.
Rua Pereira Leite, 373
05442-000 São Paulo SP
Tel.: (11) 3875-7250 / 3875-7285
editor@boitempoeditorial.com.br
boitempoeditorial.com.br | blogdaboitempo.com.br
facebook.com/boitempo | twitter.com/editoraboitempo
youtube.com/tvboitempo | instagram.com/boitempo

SUMÁRIO

Prefácio à edição brasileira	9
Introdução	15
1. Capital: a contradição viva	17
2. A fase potencialmente fatal do imperialismo	33
3. Os desafios históricos diante do movimento socialista	81
4. Conclusão	107
Índice remissivo	111

Este estudo é dedicado a Harry Magdoff e a Paul Sweezy, que nos últimos cinquenta anos deram, por meio de seus livros e como editores da Monthly Review, *uma contribuição inigualável para o nosso conhecimento da dinâmica imperialista e do capital monopolístico.*

PREFÁCIO À EDIÇÃO BRASILEIRA

Desde o dia 11 de setembro de 2001[1], Washington vem impondo com descarado cinismo sua política ao resto do mundo. A justificativa dada para a falsa mudança de curso da "tolerância liberal" para o que hoje se chama "defesa resoluta da liberdade e da democracia" é que nesse dia os Estados Unidos se tornaram vítima do terrorismo mundial em resposta ao qual é imperativo declarar uma indefinida e indefinível "guerra ao terror" – que, na verdade, é definida arbitrariamente de forma que se ajusta às conveniências dos círculos americanos mais agressivos. Admite-se que a aventura militar no Afeganistão não passe da primeira de uma série ilimitada de "guerras preventivas" ou "ataques preventivos" a serem realizados no futuro.

Entretanto, como claramente demonstra este livro, a ordem cronológica da atual doutrina militar dos Estados Unidos está apresentada de cabeça para baixo. Na verdade, não se pode admitir a "mudança de curso" posterior a 11 de

---

[1] Referência aos ataques terroristas ao World Trade Center e ao Pentágono, nos Estados Unidos.

10   *O século XXI* – socialismo ou barbárie?

setembro, que se diz ter sido possível pela eleição duvidosa de George W. Bush para a presidência em lugar de Al Gore. Pois o presidente democrata Clinton adotava as mesmas políticas que seu sucessor republicano, ainda que de forma mais camuflada. Quanto ao candidato democrata, Al Gore declarou recentemente que apoia sem restrições a guerra planejada contra o Iraque, pois tal guerra não representaria uma "mudança de regime", mas apenas o "desarmamento de um regime que possui armas de destruição em massa".

A crítica do imperialismo norte-americano – ao contrário das fantasias em voga sobre o "imperialismo desterritorializado", que deveria prescindir da ocupação do território de outras nações – como a "nova fase do imperialismo hegemônico global" constitui o tema central deste meu livro *O século XXI* – socialismo ou barbárie? O capítulo "A fase potencialmente fatal do imperialismo" (tendo os Estados Unidos como sua força absolutamente dominante) foi escrito *dois anos antes* dos atentados de 11 de setembro de 2001 e apresentado em conferência pública em Atenas no dia 19 de setembro do mesmo ano. Nele, também afirmei inequivocamente que a "forma última de ameaçar um adversário no futuro – a nova 'diplomacia das canhoneiras' exercida pelo 'ar patenteado' – será a *chantagem nuclear*" (p. 53 desta edição). Desde que foram publicadas essas linhas, primeiro em março de 2000 na Grécia, e depois todo o livro em italiano em agosto de 2000, a adoção da aterrorizante ameaça nuclear final – capaz de dar início a uma aventura militar que precipitaria a destruição completa da humanidade – tornou-se a política oficial americana amplamente professada. Nem se deve imaginar que a declaração de tal doutrina estratégica seja uma ameaça vazia contra os retoricamente alardeados "eixos do mal". Afinal, foram exatamente os Estados Unidos que realmente usaram a arma atômica de destruição em massa contra o povo de Hiroshima e Nagasaki.

Prefácio à edição brasileira   11

Ao considerarmos essas questões de extrema gravidade, não podemos nos satisfazer com qualquer sugestão que indique uma conjuntura política particular e em alteração. Pelo contrário, temos de examiná-las contra seu pano de fundo de desenvolvimento estrutural arraigado – necessário tanto política quanto socioeconomicamente. Isso é de fundamental importância se quisermos encontrar uma estratégia viável para enfrentar as forças responsáveis por nossa atual condição de perigo. A nova fase histórica do imperialismo hegemônico global não é apenas a manifestação das atuais relações de poder no mundo da *política das grandes potências*, para vantagem dos Estados Unidos, contra a qual um futuro realinhamento entre os Estados mais poderosos ou mesmo algumas demonstrações bem organizadas na arena política poderiam se afirmar com sucesso. Infelizmente, é muito pior. Pois esses eventos, mesmo se acontecerem, ainda deixariam intactas as determinações estruturais subjacentes.

Não se pode negar que a nova fase do imperialismo hegemônico global está sob o controle preponderante dos Estados Unidos, ao passo que outros parecem aceitar o papel de se agarrarem à casaca americana, embora isso não signifique que o aceitarão eternamente. Pode-se prever com segurança, com base nas instabilidades já evidentes, a explosão no futuro de fortes antagonismos entre as principais potências. Mas poderia isso por si só oferecer resposta para as contradições sistêmicas em jogo sem tratar das determinações causais nas raízes do desenvolvimento imperialista? Seria ingenuidade acreditar que sim.

Neste livro, discuto com algum detalhe as principais relações e complexas interdeterminações que se deve ter em mente com relação a esses problemas. Por ora, só gostaria de enfatizar uma preocupação fundamental, o fato de a lógica do capital ser absolutamente inseparável do imperativo da

12 *O século XXI – socialismo ou barbárie?*

dominação do mais fraco pelo mais forte. Mesmo quando se pensa no que geralmente se considera o constituinte mais positivo do sistema, a *competição* que leva à expansão e ao progresso, seu companheiro inseparável é o impulso para o *monopólio* e a subjugação e a exterminação dos competidores que se colocam como obstáculos ao monopólio que se afirma. O imperialismo, por sua vez, é o concomitante necessário do impulso incansável do capital em direção ao monopólio, e as diferentes fases do imperialismo corporificam e afetam de modo mais ou menos direto as mudanças da evolução histórica atual.

Com relação à fase presente do imperialismo, dois aspectos intimamente relacionados têm importância fundamental. O primeiro é ser a tendência material e econômica mais recente do capital a *integração global* que, entretanto, não pode ser assegurada no plano político, por ter sido em grande parte articulada ao longo da história sob a forma de uma multiplicidade de Estados nacionais divididos e antagonicamente opostos. Sob este aspecto, nem mesmo as mais violentas colisões imperialistas do passado seriam capazes de produzir um resultado duradouro. O segundo aspecto do problema, que também é o outro lado da mesma moeda, é que, apesar de todos os esforços visando a completa dominação, o capital foi incapaz de produzir o *estado do sistema do capital como tal*. Esta continua a ser a mais grave das complicações, apesar de toda a conversa sobre *"globalização"*. O imperialismo hegemônico global dominado pelos Estados Unidos é uma tentativa condenada de se impor a todos os outros estados recalcitrantes como o Estado "internacional" do sistema do capital como tal.

Aqui vemos a relação contraditória entre uma *contingência histórica* – o capital norte-americano se encontrar hoje em posição preponderante – e a *necessidade sistêmica ou*

Prefácio à edição brasileira 13

estrutural – o impulso irresistível do capital para a integração monopolística global a qualquer custo, mesmo colocando em risco a sobrevivência da humanidade. Assim, ainda que seja possível enfrentar com sucesso a força da contingência histórica norte-americana de hoje (capaz de precipitar uma conflagração suicida, mas nunca uma solução permanente e produtivamente viável para a contradição oculta), a necessidade estrutural ou sistêmica que emana da lógica do capital continuará tão premente quanto antes.

Concluindo, portanto, para imaginar uma resposta historicamente viável para os desafios propostos pela atual fase do imperialismo hegemônico global, teremos de enfrentar a *necessidade sistêmica* de o capital subjugar globalmente o trabalho por meio de toda e qualquer agência social específica capaz de assumir o papel que lhe for atribuído. Naturalmente, tal confrontação só será viável por meio de uma alternativa radicalmente diferente do impulso do capital em direção à globalização imperialista/monopolista, no espírito do projeto socialista, corporificado num movimento progressista de massa. Pois é somente quando essa alternativa radical se torna uma realidade irreversível – ou conforme as belas palavras de Jose Martí, *"patria es humanidad"* – que a contradição destrutiva entre desenvolvimento material e relações políticas humanamente compensadoras poderá ser definitivamente relegada ao passado.

Rochester, 16 de dezembro de 2002

INTRODUÇÃO

Chegou ao fim o século XX, descrito pelos apologistas mais entusiasmados como o "século americano". Essas opiniões se manifestam como se não houvesse ocorrido a Revolução de Outubro de 1917, nem as Revoluções Chinesa e Cubana, nem as lutas pela libertação colonial das décadas seguintes, isso sem mencionar a humilhante derrota dos Estados Unidos no Vietnã. De fato, os defensores acríticos da ordem estabelecida antecipam confidencialmente que não apenas o século XXI, mas todo o próximo milênio, está destinado a se conformar às regras incontestáveis da "Pax Americana". Ainda assim, a verdade é que as causas profundas, subjacentes aos grandes terremotos sociais do século XX acima mencionados – aos quais se poderia facilmente acrescentar outros, tanto positivos quanto negativos, como as duas guerras mundiais –, não foram solucionadas pelos acontecimentos subsequentes, não obstante o enorme realinhamento das forças favoráveis ao capitalismo durante a última década. Pelo contrário, a cada nova fase de protelação forçada, as contradições do sistema do capital só se podem agravar, trazendo consigo um perigo ainda maior para a própria sobrevivência da humanidade.

16   *O século XXI* – socialismo ou barbárie?

A insolvência crônica de nossos antagonismos, composta pela incontrolabilidade do capital, pode, por algum tempo ainda, continuar a gerar uma atmosfera de triunfalismo, bem como ilusões enganadoras de permanência, como aconteceu em passado recente. Mas, no devido tempo, os problemas crescentes e destrutivamente intensos terão de ser enfrentados. Pois, se no século XXI ocorrer realmente o triunfalismo do "século americano" do capital, não haverá no futuro outros séculos para a humanidade, muito menos um milênio. Isso nada tem a ver com "antiamericanismo". Já em 1992 eu expressei minha convicção de que

> o futuro do socialismo será decidido nos Estados Unidos, por mais pessimista que isso possa parecer. Tento mostrar isso na última parte de *The Power of Ideology*[1], no qual discuto o problema da universalidade. Ou o socialismo se afirma universalmente e de forma a incorporar todas as áreas, inclusive as áreas capitalistas mais desenvolvidas do mundo, ou estará condenado ao fracasso.[2]

Dada a atual situação do desenvolvimento, com seus grandes problemas intrínsecos que reclamam uma solução duradouras, somente uma resposta universalmente válida pode funcionar. Mas, não obstante sua globalização imposta, o sistema irreversivelmente perverso do capital é estruturalmente incompatível com a universalidade, em cada sentido do termo.

---

[1]   *The Power of Ideology*, Londres/Nova York, Harvester Wheatsheaf/ New York University Press, 1989, p. 462-70. [Ed. bras.: *O poder da ideologia*. São Paulo, Boitempo.]

[2]   "Marxism Today", entrevista publicada em *Radical Philosophy*, n. 62, outono de 1992.

1

CAPITAL:
A CONTRADIÇÃO VIVA

1.1.

Independentemente das alegações da atual "globalização", é impossível existir universalidade no mundo social sem *igualdade substantiva*. Evidentemente, portanto, o sistema do capital, em todas as suas formas concebíveis ou historicamente conhecidas, é totalmente incompatível com suas próprias projeções – ainda que distorcidas e estropiadas – de universalidade globalizante. E é enormemente mais incompatível com a única realização significativa da universalidade viável, capaz de harmonizar o desenvolvimento universal das forças produtivas com o desenvolvimento abrangente das capacidades e potencialidades dos indivíduos sociais livremente associados, baseados em suas aspirações conscientemente perseguidas. A *potencialidade* da tendência universalizante do capital, por sua vez, se transforma na *realidade* da *alienação desumanizante e na reificação*. Conforme diz Marx:

> Quando se elimina a forma burguesa limitada, o que é a riqueza senão a universalidade das, entre outras, necessidades, capacidades, prazeres, forças produtivas indi-

18   *O século XXI* – socialismo ou barbárie?

viduais criadas por meio do intercâmbio universal? O completo desenvolvimento do controle humano sobre as forças da natureza, considerando assim tanto as da chamada natureza como as da natureza humana? O desenvolvimento absoluto de suas potencialidades criativas, sem outros pressupostos que não o desenvolvimento histórico anterior que compõe essa totalidade do desenvolvimento, ou seja, o desenvolvimento de todas as capacidades humanas como um fim em si, não como medida por um padrão arbitrário? Quando o homem não se reproduz numa especificidade, mas produz sua própria totalidade? Luta para não permanecer sendo algo em que se transformou, mas para continuar um movimento absoluto de transformação? Na economia burguesa – e na era de produção que lhe corresponde –, esse desenvolvimento completo do conteúdo humano aparece como um esvaziamento completo, essa objetificação universal, como alienação total, e o desmoronamento de todos os objetivos limitados e parciais, como um sacrifício do fim-em-si humano a um fim inteiramente externo.[1]

O desenvolvimento da divisão *funcional* – em princípio, universalmente aplicável – do trabalho constitui a dimensão *horizontal* potencialmente libertadora do processo de trabalho do capital. Contudo, essa dimensão é inseparável da divisão *vertical/hierárquica* do trabalho no quadro da *estrutura de comando do capital*. A função da dimensão vertical é proteger os interesses vitais do sistema assegurando a expansão contínua da extração do sobretrabalho baseada na exploração máxima praticável da totalidade do trabalho. Consequentemente, a força estruturante horizontal só pode se desenvolver até o ponto em que permanece sob o controle firme da dimensão vertical no horizonte reprodutivo do capital.

---

[1]   Karl Marx, *Grundrisse*. Nova York, Vintage, 1973, p. 488.

Capital: a contradição viva 19

Isso quer dizer que ela só pode seguir sua própria dinâmica até o ponto em que os desenvolvimentos produtivos seguintes permaneçam *contidos* nos parâmetros dos imperativos do capital (e limitações correspondentes). As exigências de controle da ordenação vertical do capital constituem o momento supremo na relação entre as duas dimensões. Mas, ao passo que na fase ascendente do desenvolvimento do sistema as dimensões horizontal e vertical se complementavam por meio de trocas recíprocas relativamente flexíveis, uma vez terminada a fase ascendente, o que antes era *momento predominante* de um complexo dialético se transforma numa *determinação disruptiva unilateral*, que traz em si graves limitações ao desenvolvimento produtivo e uma importante crise de acumulação já completamente evidente em nosso tempo. É por isso que, no interesse de salvaguarda e da parcialidade auto-orientada e da insuperável hierarquia estrutural do capital, aborta-se a prometida universalidade potencial no desenvolvimento das forças produtivas.

O sistema do capital se articula numa rede de contradições que só se consegue *administrar* medianamente, ainda assim durante curto intervalo, mas que não se consegue *superar* definitivamente. Na raiz de todas elas encontramos o antagonismo inconciliável entre capital e trabalho, assumindo sempre e necessariamente a forma de *subordinação estrutural e hierárquica do trabalho ao capital*, não importando o grau de elaboração e mistificação das tentativas de camuflá-la. Para nos limitarmos apenas a algumas das principais contradições a serem enfrentadas, temos:

produção e controle;
produção e consumo;
produção e circulação;
competição e monopólio;

20 *O século XXI* – socialismo ou barbárie?

desenvolvimento e subdesenvolvimento (ou seja, a divisão entre norte e sul, tanto globalmente quanto no interior de cada país);

expansão das sementes de uma contração destinada a produzir crises;

produção e destruição (esta última geralmente glorificada como "produtiva" ou "destruição criativa");

dominação estrutural do capital sobre o trabalho e sua dependência insuperável do trabalho vivo;

produção de tempo livre (sobretrabalho) e sua paralisante negação com o imperativo de reproduzir e explorar o trabalho necessário;

forma absolutamente autoritária da tomada de decisões no processo produtivo e a necessidade de sua implementação "consensual";

expansão do emprego e geração do desemprego;

impulso de economizar recursos materiais e humanos combinado ao absurdo desperdício deles;

crescimento da produção a todo custo e a concomitante destruição ambiental;

tendência globalizadora das empresas transnacionais e restrições necessárias exercidas pelos Estados nacionais contra seus rivais;

controle sobre unidades produtivas específicas e falta de controle sobre seu ambiente (daí o caráter extremamente problemático de todas as tentativas de *planejamento* em todas as formas concebíveis do sistema do capital); e

contradição entre a regulação econômica e política de extração de sobretrabalho.

É absolutamente inconcebível superar qualquer uma dessas contradições, muito menos esta rede inextrincavelmente combinada, sem instituir uma alternativa radical ao modo de controle do metabolismo social do capital. Uma alternativa baseada na *igualdade substantiva*, cuja ausência total é o denominador comum e o núcleo vicioso de todas as relações sociais sob o sistema existente.

Diante da *crise estrutural* do capital enquanto tal, em contraste com as crises *conjunturais periódicas* do capitalismo observadas no passado, é importante ainda sublinhar que os problemas são fatalmente agravados no estágio atual de desenvolvimento, inserindo na agenda histórica a necessidade de um controle global viável da produção material e dos intercâmbios culturais da humanidade como questão da maior urgência. Marx ainda podia falar do desenvolvimento do sistema do capital como aquele que, apesar de suas próprias barreiras e limitações, "amplia o círculo de consumo" e "derruba todas as barreiras que restringem o livre desenvolvimento das forças produtivas, a expansão das necessidades, o desenvolvimento geral da produção, e a exploração e o intercâmbio das forças mentais e naturais"[2]. Nesse espírito ele pôde caracterizar o completo desenvolvimento do sistema do capital como "a *pressuposição* de um novo modo de produção"[3]. Hoje não há sentido em falar de um "*desenvolvimento geral da produção*" associado à expansão das *necessidades humanas*. Assim, dada a forma em que se realizou a deformada tendência globalizante do capital – e que continua a se impor –, seria suicídio encarar a realidade destrutiva do capital como o pressuposto do novo e absolutamente necessário modo de reproduzir as condições sustentáveis da existência humana. Na situação de hoje, o capital não tem mais condições de se preocupar com o "aumento do círculo de consumo", para benefício

---

[2]   Ibidem, p. 408 e 410.
[3]   Ibidem, p. 540.

22 *O século XXI – socialismo ou barbárie?*

do "indivíduo social pleno" de quem falava Marx, mas apenas com sua reprodução ampliada a qualquer custo, que pode ser assegurada, pelo menos por algum tempo, por várias modalidades de destruição. Pois, do perverso ponto de vista do "processo de realização" do capital, *consumo e destruição são equivalentes funcionais.* Houve época em que o aumento do círculo do consumo se fazia acompanhar do imperativo destrutivo da autorrealização ampliada do capital. Com o fim da ascensão histórica do capital, as condições de reprodução expandida do sistema foram radical e irremediavelmente alteradas, empurrando para o primeiro plano suas tendências destrutivas e seu companheiro natural, o desperdício catastrófico. Nada ilustra melhor esse fato do que o *"complexo industrial/ militar"* e sua contínua expansão, apesar da fábula de uma "nova ordem mundial" e do assim chamado "dividendo da paz", depois do "final da Guerra Fria" (voltaremos a este complexo de problemas na seção 2.7.).

1.2.

Paralelamente a esses desenvolvimentos, a questão do desemprego também foi significativamente alterada para pior. Ele já não é limitado a um "exército de reserva" à espera de ser ativado e trazido para o quadro da expansão produtiva do capital, como aconteceu durante a fase de ascensão do sistema, por vezes numa extensão prodigiosa. Agora a grave realidade do desumanizante desemprego assumiu um caráter *crônico*, reconhecido até mesmo pelos defensores mais acríticos do capital como "desemprego estrutural", sob a forma de autojustificação, como se ele nada tivesse que ver com a natureza perversa do seu adorado sistema. Em contraste, nas décadas de expansão contínua do pós-guerra, o problema do desemprego foi considerado permanentemente resolvido. Assim, um dos piores apologistas do capital – Walt Rostow, figura de proa no "tanque de cérebros" do presidente Kennedy – declarou arrogantemente num livro oco, mas maciçamente divulgado, que:

> Há muitas razões para crer, examinando a reação do processo político até mesmo aos pequenos bolsões de desemprego nas sociedades democráticas modernas, que as políticas lentas e tímidas das décadas de 1920 e 1930 já não podem mais ser toleradas nas sociedades ocidentais. E agora já se conhecem amplamente os truques técnicos dessas políticas – devidos à revolução keynesiana. Não se deve esquecer que Keynes se impôs a tarefa de derrotar o prognóstico de Marx sobre o desenvolvimento do desemprego sob o capitalismo; e no geral ele teve sucesso.[4]

No mesmo espírito, Rostow e todo o exército da economia burguesa previram confiantemente que não somente os "bolsões de desemprego" das democracias ocidentais se transformariam rápida e permanentemente em oásis de "riqueza" e prosperidade, mas que graças às suas receitas e truques de mestres da *"modernização"*, que são universalmente aplicáveis, o Terceiro Mundo também chegaria ao mesmo nível de "desenvolvimento" e da feliz realização das "nossas democracias ocidentais". Pois acreditava-se que era parte da natureza predeterminada do universo atemporal que o "subdesenvolvimento" seria seguido pela *"decolagem"* capitalista, que, por sua vez, traz inexoravelmente consigo um *"impulso para a maturidade"*, desde que as forças po-

---

[4] Walt Rostow, *The Stages of Economic Growth*. Cambridge, Cambridge University Press, 1960, p. 155. [Ed. bras.: *Etapas do desenvolvimento econômico: um manifesto não comunista*. Rio de Janeiro, Zahar, 1964.]

24 *O século XXI – socialismo ou barbárie?*

líticas das "democracias ocidentais evitem as más ações de revolucionários criadores de problemas que têm a tendência a se opor àquela ordem.

A euforia produziu uma indústria generosamente financiada de "estudos de desenvolvimento", que se expandem em círculos cada vez maiores e que finalmente caem nas areias do completo esquecimento, como as gotas de chuva na praia, à medida que, com o surgimento da crise estrutural do capital, o monetarismo neoliberal assumia a posição de orientador ideológico até então ocupada pelos sumos sacerdotes da salvação keynesiana. Isso excluiu a premissa básica que justificava a expansão da disciplina. E quando finalmente se tornou claro que os truques keynesianos não seriam capazes de recriar os "milagres" anteriores (ou seja, as condições descritas como "milagres" por aqueles que à época ilogicamente acreditavam neles, não por seus adversários críticos), os antigos propagandistas da solução final keynesiana das imperfeições do capital simplesmente viraram a casaca e, sem o menor sinal de autocrítica, convidaram todos os que ainda não haviam atingido seu próprio grau de esclarecimento transcendental a acordar de seu sono para dar ao velho herói um enterro decente[5].

Assim, a ideologia da Modernização do Terceiro Mundo teve de ser abandonada – de forma até certo ponto humilhante. A questão ficou ainda mais complicada pela ameaça crescente de um desastre ecológico e pelo fato evidente de que se o "impulso para a modernidade do Terceiro Mundo" levasse à prevalência dos níveis de desperdício e poluição produzidos pelo país modelo de "mo-

---

[5] Ver editorial no *The Economist* de Londres, intitulado "Time to bury Keynes?", 3 de julho de 1993, p. 21-2; a pergunta foi respondida pelos editores do *The Economist* com um enfático "sim".

Capital: a contradição viva   25

dernização" – os Estados Unidos – apenas na China e na Índia, as consequências seriam devastadoras também para as "democracias ocidentais" idealizadas. Ademais, a solução egoísta advogada recentemente pelos Estados Unidos – a compra dos "direitos de poluição" dos países do Terceiro Mundo – seria um conceito autodestrutivo se não admitisse ao mesmo tempo a continuidade do "subdesenvolvimento do Terceiro Mundo".

Assim, a partir de agora, a ideologia da "modernização" teria de ser usada por toda parte, inclusive pelas "democracias ocidentais", como um novo tipo de arma para punir e desqualificar o "Velho Trabalhismo" que se recusa a modernizar-se como o "Novo Trabalhismo"; ou seja, por não ser capaz de se modernizar pelo abandono completo até mesmo dos princípios e compromissos levemente social-democratas, como fez o "Novo Trabalhismo". Os novos objetivos de propaganda universalmente recomendáveis e impostos são *democracia e desenvolvimento*: democracia modelada pelo consenso político entre democratas e republicanos, dos Estados Unidos, cujo resultado é a *perda completa de liberdade* da classe operária até mesmo no sentido estritamente parlamentar; e desenvolvimento como nada mais que o que se pode introduzir na concha vazia da definição mais tendenciosa de "democracia formal", a ser imposta a todo o mundo, desde às "recém-emergentes democracias" da Europa Oriental e da antiga União Soviética até o Sudeste da Ásia e África, bem como a América Latina. Como afirmou um importante órgão de propaganda do G7, dominado pelos Estados Unidos, o *The Economist* de Londres, com seu cinismo inimitável:

> Não há alternativa ao livre mercado como forma de organizar a vida econômica. A expansão da economia de livre

26 *O século XXI* – socialismo ou barbárie?

mercado deverá levar gradualmente à democracia multipartidária, pois as pessoas que têm liberdade de escolha econômica tendem a insistir na posse também da liberdade de escolha política.[6]

Para o trabalho, como antagonista do capital, a "livre escolha econômica" no emprego só pode significar submissão às ordens emanadas dos imperativos expansionistas do sistema; e, para o número sempre crescente de outros não tão "felizes", significa a exposição às humilhações e ao extremo sofrimento causado pelo "desemprego estrutural". Quanto à livre escolha política a ser exercida no quadro de uma "democracia multipartidária", ela se resume, na verdade, à aceitação amargamente resignada das consequências de um *consenso* político que se estreita cada vez mais, levando não menos que 77% dos eleitores ingleses – e quase a mesma proporção em outros países da Comunidade Europeia – a se recusar a participar de ritual tão sem significado como as últimas eleições nacionais convocadas para escolher os membros do Parlamento europeu.

Assim, tal como aconteceu no campo do emprego produtivo, como resultado da redução das margens do capital, testemunhamos dramáticas reversões também no campo da representação e da administração políticas. No domínio da produção, o desenvolvimento da fase ascendente do capital trouxe consigo a expansão intensiva do emprego, que hoje dá lugar à perigosa tendência ao desemprego crônico. Quanto ao domínio político, percebeu-se um movimento de ampliação espetacular dos direitos, desde o sufrágio universal à correspondente formação dos partidos operários de massa, sucedida pela reversão completa da perda dos direitos

---

6 *The Economist*, 31 de dezembro de 1991, p. 12.

não formais, mas efetivos dos trabalhadores, no universo da sua própria representação parlamentar. A esse respeito, basta lembrar das típicas formações políticas do "Novo Trabalhismo" e seus semelhantes, que, do "outro lado", operam com camarilhas restritas, uma peculiaríssima "tomada de decisão política", impondo implacavelmente a ideia de que "não há alternativa" a qualquer voz dissidente, se por acaso nascer algum dissenso entre os membros do governo, cuja função é aprovar tudo o que está preestabelecido.

1.3.

A tendência devastadora ao desemprego crônico hoje afeta até mesmo os países capitalistas mais adiantados. Ao mesmo tempo, também as pessoas ainda empregadas naqueles países têm de suportar a piora de suas condições materiais de existência, o que é admitido até mesmo pelas estatísticas oficiais. Pois o final da ascensão histórica do capital também trouxe consigo uma *equalização para baixo da taxa diferencial de exploração*[7].

---

[7] Um exemplo gritante da taxa diferencial de exploração nos foi oferecido pelo ensaio de um importante historiador filipino, Renato Constantino. Segundo ele, "A Ford Filipinas Inc., fundada em 1967, é hoje (quatro anos depois) a 37ª entre as mil maiores empresas das Filipinas. Em 1971 ela anunciou um retorno sobre o patrimônio líquido de 121,32%, ao passo que a taxa de retorno global da empresa em 133 países foi de apenas 11,8%. Além de todos os incentivos extraídos do governo, os altos lucros da Ford se devem principalmente aos baixos salários. Enquanto nos Estados Unidos a remuneração por hora da mão de obra qualificada era de US\$ 7,50 (em 1971), a remuneração por trabalho equivalente nas Filipinas era de apenas US\$ 0,30". (Renato Constantino, *Neo-Colonial Identity and Counter-Consciousness: Essays in Cultural Decolonization*. Londres, Merlin Press, 1978, p. 234.) Os relativos privilégios desfrutados no passado pelas classes trabalhadoras nos

28   *O século XXI* – socialismo ou barbárie?

O fim da "modernização do Terceiro Mundo" acentua um problema fundamental do desenvolvimento do sistema do capital. Ele enfatiza o relevante significado histórico do fato de o capital ter-se mostrado incapaz de completar seu próprio sistema na forma de capitalismo global, ou seja, como a regulação absolutamente econômica da extração do *sobretrabalho* como *mais-valia*. Apesar de todas as fantasias passadas da "decolagem" e do "impulso para a maturidade", hoje quase a metade da população do mundo é forçada a reproduzir suas condições de existência sob formas que contrastam fortemente com o "mecanismo de mercado" idealizado como o regulador absolutamente dominante do metabolismo social. Em vez de se completar como sistema capitalista global propriamente, o capital, a não ser nos países onde predominou seu modo de controle econômico da apropriação do sobretrabalho, também conseguiu criar *enclaves capitalistas*, com uma relativamente vasta *hinterlândia não capitalista*. Sob este aspecto a Índia é um exemplo óbvio, e a China, pelo contrário, um exemplo muito mais complicado, pois lá o Estado não pode ser qualificado como capitalista (entretanto, o país tem importantes enclaves capitalistas, ligados a uma hinterlândia não capitalista com mais de um bilhão de pessoas). De certa forma, isso é análogo a alguns antigos impérios coloniais, por exemplo, o Império Britânico. A Inglaterra exerceu absoluto controle político e militar na Índia, explorando completamente seus enclaves capitalistas, deixando

---

países capitalistas avançados começaram a se erodir nas três últimas décadas, como resultado do estreitamento das margens do capital e da globalização transnacional em andamento. Esse nivelamento para baixo da taxa diferencial de exploração é uma tendência muito significativa de desenvolvimento no nosso tempo, e deverá se afirmar com severidade crescente nas décadas vindouras.

ao mesmo tempo a maioria esmagadora da população abandonada a seus próprios recursos de subsistência pré--colonial, ulteriormente agravados durante o colonialismo. Por uma série de razões, incluindo a articulação estrutural do "capitalismo avançado" com a catastroficamente perdulária taxa de utilização decrescente como importante condição de expansão contínua, não é concebível que esse fracasso do capitalismo seja remediado no futuro. Assim, o fracasso da modernização capitalista do "Terceiro Mundo", apesar de todos os esforços nela investidos durante as décadas de expansão do pós-guerra, chama nossa atenção para um defeito estrutural fundamental de todo o sistema.

Nesse contexto, é preciso mencionar um problema adicional: a "hibridização" em evidência até nos países capitalistas mais avançados. Sua principal dimensão é o sempre crescente envolvimento direto e indireto do Estado em salvaguardar a continuidade do modo de reprodução do metabolismo social do capital. Apesar de todos os protestos em contrário, combinados com fantasias neoliberais relativas ao "recuo das fronteiras do Estado", o sistema do capital não sobreviveria uma única semana sem o forte apoio que recebe do Estado. Já discuti esse problema em outra parte e, portanto, uma breve menção aqui deve ser suficiente. A questão remete ao reaparecimento maciço no século XX daquilo que Marx denominou de "ajuda externa", termo já empregado por Henrique VIII e outros aos primeiros desenvolvimentos capitalistas, desde as "políticas agrícolas comuns" e garantias de exportação até os imensos fundos de pesquisa financiados pelo Estado e o apetite insaciável do complexo industrial-militar[8]. O

---

[8] Rosa Luxemburgo já enfatizava profeticamente, em 1913, a importância crescente da produção militarista, mostrando que "o Capital

30 *O século XXI* – socialismo ou barbárie?

que torna muito mais grave esse problema é a insuficiência da ajuda independentemente da quantidade oferecida. O capital, na fase atual de desenvolvimento histórico, tornou--se completamente dependente da oferta sempre crescente de "ajuda externa". Contudo, também sob esse aspecto, estamos nos aproximando de um limite sistêmico, pois somos obrigados a enfrentar a *insuficiência crônica de ajuda externa*

---

em si é o controlador último desse movimento automático e rítmico da produção militarista por meio do legislativo e de uma imprensa cuja função é moldar a assim chamada 'opinião pública'. É por isso que esta província particular da acumulação capitalista parece à primeira vista capaz de expansão infinita." (Rosa Luxemburgo, *The Accumulation of Capital*. Londres, Routledge, 1963, p. 466.) [Ed. bras.: *A acumulação do capital:* contribuição ao estudo econômico do imperialismo. São Paulo, Nova Cultural, 1985.] O papel do nazifascismo na extensão da produção militarista é suficientemente óbvio, como também o é a prodigiosa (e muito pródiga) "ajuda externa" oferecida ao capital das "democracias ocidentais" e em outras partes pelo complexo militar-industrial depois da Segunda Guerra Mundial. Uma espécie importante, ainda que ligeiramente diferente, de ajuda externa foi a oferecida ao capital por todas as variedades de keynesianismo nas décadas do pós-guerra. Sob esse aspecto, o que não é tão óbvio é a dedicação conscienciosa de F. D. Roosevelt ao mesmo objetivo mesmo antes de sua eleição à presidência. Ele chegou até a antecipar a condenação do que mais tarde ficaria conhecido como "neoliberalismo" ao insistir – num discurso de 2 de julho de 1932 – que "devemos repelir imediatamente as provisões legais que impõem ao Governo Federal a obrigação de ir ao mercado para comprar, vender e especular com produtos agrícolas numa tentativa fútil de reduzir os excedentes agrícolas. E são essas pessoas que falam em *manter o Governo longe dos negócios*" (F. D. Roosevelt, The New Deal Speech Before the Democratic Convention, Chicago, Illinois, 2 de julho de 1932; todas as citações dos discursos de Roosevelt foram tiradas de *Nothing to Fear: The Selected Adresses of Franklin Delano Roosevelt, 1932-1945*, de B. D. Zevin (ed.), Londres, Hodder & Stoughton, 1947).

Capital: a contradição viva 31

referente àquilo que o Estado tem condições de oferecer. Na verdade, a crise estrutural do capital é inseparável da insuficiência crônica dessa ajuda externa, sob condições em que os defeitos e as falhas desse sistema antagonístico de reprodução social exigem uma oferta ilimitada dela.

2

A FASE POTENCIALMENTE
FATAL DO IMPERIALISMO

2.1.

Uma das contradições e limitações mais importantes do sistema se refere à relação entre a tendência globalizante do capital transnacional no domínio econômico e a dominação continuada dos Estados nacionais como estrutura abrangente de comando da ordem estabelecida. Noutras palavras, apesar de todos os esforços das potências dominantes para fazer seus próprios Estados nacionais triunfarem sobre os outros, e dessa forma prevalecer como Estado do sistema do capital em si, precipitando a humanidade, no curso dessas tentativas, para as vicissitudes sangrentas das duas horrendas guerras mundiais do século XX, o Estado nacional continuou sendo o árbitro último da tomada de decisão socioeconômica e política abrangente, bem como o garantidor real dos riscos assumidos por todos os empreendimentos econômicos transnacionais. É óbvio que essa contradição tem uma magnitude tal que não se pode admitir que dure indefinidamente, qualquer que seja a retórica mentirosa incansavelmente repetida que finge resolver essa contradição por meio do discurso sobre "democracia e desenvolvimento" e seu corolário

34   *O século XXI* – socialismo ou barbárie?

tentador: "Pense globalmente, aja localmente". Por isso é fundamental que a questão do imperialismo seja trazida para o primeiro plano da atenção crítica.

Há muitos anos, Paul Baran caracterizou corretamente a mudança radical das relações internacionais de poder no mundo capitalista e a "incapacidade crescente das velhas nações imperialistas de resistir diante da busca americana de maior influência e poder", insistindo que a

> afirmação da supremacia americana no mundo "livre" implica a redução da Grã-Bretanha e da França (para não falar da Bélgica, da Holanda e de Portugal) ao *status* de sócios minoritários do imperialismo americano.[1]

Ele citou também as palavras amargamente acauteladoras do *The Economist* de Londres que afirmava com subserviência característica que

> precisamos aprender que já não somos iguais aos americanos, nem temos condições de sê-lo. Temos o direito de declarar nossos interesses nacionais mínimos e esperar que os americanos os respeitem. Mas, uma vez isso feito, devemos seguir a liderança deles.[2]

Afirmação semelhante de aceitação da liderança americana – embora talvez ainda não pronta a transferir aos Estados Unidos, de uma forma ou de outra, o Império Britânico – foi expressa um quarto de século antes pelo *The Observer* de Londres, que anunciou com entusiasmo, acerca

---

[1]   Paul Baran, *The Political Economy of Growth*. Nova York, Monthly Review Press, 1957, p. vii. [Ed. bras.: *A economia política do desenvolvimento econômico*. Rio de Janeiro, Zahar, 1960.]

[2]   *The Economist*, 17 de novembro de 1957.

do Presidente Roosevelt, que "a América encontrou um homem. Nele o mundo deve encontrar um líder"[3].

E ainda assim, o fim do Império Britânico – bem como de todos os outros – já fora profetizado no primeiro discurso de posse de Roosevelt, que deixou absolutamente claro que, como Presidente dos Estados Unidos, "não hei de poupar esforços para *restaurar o comércio mundial por meio de reajustes econômicos internacionais*"[4]. E, no mesmo espírito, alguns anos mais tarde ele defendeu o direito de "comerciar numa atmosfera de *liberdade de competição desigual e de domínio por monopólios no país e no exterior*"[5]. Assim, o Império Britânico já estava avisado desde o início da Presidência de Roosevelt, e a questão do colonialismo tornou a relação com Churchill muito infeliz para este, o que foi revelado por Roosevelt ao retornar da Conferência de Yalta, com Churchill e Stálin. Com relação à questão da Indochina francesa, Roosevelt propôs como solução um protetorado de transição antes da independência, de forma a

> educá-los para o autogoverno. Foram necessários cinquenta anos para realizá-lo nas Filipinas. Stálin gostou da ideia. A China (Chiang Kai-Shek) gostou da ideia. Os ingleses não gostaram. Ela poderia destruir seu império, porque, se os indochineses se unissem e conseguissem a própria independência, os birmaneses poderiam fazer o mesmo com a Inglaterra.

---

[3] Comentário de *The Observer* sobre o Primeiro Discurso de Posse de Roosevelt, pronunciado em Washington, D.C., em 4 de março de 1933, citado na p. 13 de *Nothing to Fear: The Selected Adresses of Franklin Delano Roosevelt, 1932-1945*, op. cit.

[4] F. D. Roosevelt, "Primeiro Discurso de Posse", 4 de março de 1933.

[5] Idem, "Mensagem Anual ao Congresso", Washington, D.C., 11 de janeiro de 1944.

36 *O século XXI* – socialismo ou barbárie?

Pergunta: É esta a ideia de Churchill com relação a todos os territórios de lá, ele os quer de volta tal como eram?

Presidente: É verdade, ele é meio vitoriano quando se trata de semelhantes questões.

Pergunta: Esta ideia de Churchill parece incoerente com a ideia da autodeterminação?

Presidente: É verdade.

Pergunta: O senhor se lembra do discurso pronunciado pelo Primeiro-Ministro em que ele diz não ter sido feito Primeiro-Ministro para ver a derrocada do Império?

Presidente: O meu velho amigo Winston nunca vai entender essa questão. Especializou-se nela. Evidentemente, isso não deve ser publicado.[6]

Naturalmente, no "reajuste econômico internacional" proposto – uma exigência resultante da grande crise mundial de 1929-1933 e ainda mais imperativa para os Estados Unidos em razão da instalação de outra recessão naquele país pouco antes da eclosão da Segunda Guerra Mundial –, todo o Império Britânico estava em jogo. Pois Roosevelt acreditava que a

India deveria ter o *status* de *commonwealth* durante a guerra e o direito à escolha da independência completa nos cinco ou dez anos seguintes. A sugestão mais amarga para os britânicos da velha guarda foi sua proposta apresentada em Yalta de transformar Hong Kong (bem como Dairen) em porto internacional livre. Do ponto de visa britânico, sua posição parecia ingênua e errada. Advertiam que ele não entendia os objetivos e resultados do imperialismo real.

---

6   P. C. nº 992, 23 de fevereiro de 1945. Citado em Thomas H. Greer, *What Roosevelt Thought: The Social and Political Ideas of Franklin D. Roosevelt*, Londres, Angus & Robertson, 1958, p. 169.

Mais importante, avisaram que a derrocada do Império enfraqueceria o Ocidente no mundo da "política de poder". Seriam abertas áreas perigosas de confusão e conflito – um "vácuo de poder" em que agressores potenciais (os vermelhos) poderiam penetrar.[7]

Com o surgimento de um competidor imperialista incomparavelmente mais poderoso, os Estados Unidos, selou-se o destino do Império Britânico. Esse fato se tornou ainda mais urgente, e enganosamente atraente para as colônias, porque Roosevelt apresentava suas políticas de conquista da supremacia internacional americana com a retórica da liberdade para todos, e até mesmo com a alegação de um "destino" universalmente aceitável. Não hesitou em declarar que

> uma civilização melhor que a que sempre conhecemos está reservada para a América e, por meio de nosso exemplo, talvez para o mundo. O destino aqui parece ter se detido longamente.[8]

Logo depois de ridicularizar os argumentos ideológicos transparentemente imperialistas dos britânicos da velha guarda, os *slogans* de propaganda destes foram adotados como seus pelos americanos para justificar as intervenções militares na Indochina e em outros lugares a fim de evitar a geração de um "vácuo de poder" e de bloquear a possibilidade de um "efeito dominó" (produzido pelos "vermelhos"). Esse fato só poderia surpreender os que continuaram a alimentar ilusões com relação ao "fim do imperialismo".

---

[7] Ibidem.

[8] F. D. Roosevelt, "Discurso Comemorativo dos Cinquenta Anos da Estátua da Liberdade", Nova York, 28 de outubro de 1936.

38   O *século XXI* – socialismo ou barbárie?

2.2.

Para entender a seriedade da situação atual, é preciso colocá-la em perspectiva histórica. A penetração imperialista inicial das várias partes do globo foi comparativamente muito diferente da incomensuravelmente mais extensiva – e intensiva – penetração de algumas das principais potências capitalistas no resto do mundo ao longo das últimas décadas do século XIX. O contraste foi enfatizado por Harry Magdoff:

> O mesmo tipo de pensamento que aborda o conceito de imperialismo econômico, no sentido restrito de um demonstrativo de balanço, também confina o termo ao controle (direto ou indireto) de uma potência industrial sobre um país subdesenvolvido. Tal limitação ignora a característica essencial do novo imperialismo que surge no final do século XIX: a luta competitiva entre as nações industriais para conquistar posições dominantes com relação ao mercado mundial e às fontes de matérias-primas. A diferença estrutural que distingue o novo imperialismo do antigo é a substituição de uma economia em que muitas empresas competem por outra em que um punhado de empresas gigantescas competem em cada setor industrial. Ademais, durante esse período, o avanço das tecnologias de transporte e comunicação e o desafio que as nações industriais mais novas (como a Alemanha) lançam à Inglaterra trouxeram duas características adicionais ao palco imperialista: a intensificação da luta competitiva na arena mundial e a maturação de um sistema capitalista verdadeiramente internacional. Sob tais circunstâncias, a competição entre grupos de empresas gigantescas e seus governos ocorre em todo o globo: nos

A *fase potencialmente fatal do imperialismo* 39

mercados das nações adiantadas, bem como nos de nações semi ou não industrializadas.[9]

Com o sucesso da imposição da hegemonia americana no mundo do pós-guerra – que teve suas raízes no primeiro mandato de Roosevelt, como vimos anteriormente –, fomos submetidos a uma terceira fase de desenvolvimento do imperialismo, com as mais graves implicações para o futuro. Pois hoje os perigos catastróficos que acompanhariam uma conflagração global, como as que ocorreram no passado, são evidentes até para os defensores menos críticos do sistema. Ao mesmo tempo, ninguém em sã consciência pode excluir a possibilidade de erupção de um conflito mortal, e com ele a destruição da humanidade. Ainda assim, nada se faz para resolver as maciças contradições ocultas que apontam para esta assustadora direção. Pelo contrário, o crescimento contínuo da hegemonia econômica e militar da única superpotência remanescente – os Estados Unidos da América – lança uma sombra cada vez mais escura sobre o futuro.

Chegamos a um novo estágio histórico no desenvolvimento transnacional do capital: aquele em que já não é possível evitar o afrontamento da contradição fundamental e a limitação estrutural do sistema. Ou seja, o fracasso em constituir o Estado do sistema do capital em si como complemento de suas aspirações e articulação transnacionais, de forma a superar os antagonismos explosivos entre Estados nacionais que caracterizaram o

---

[9] Harry Magdoff, *The Age of Imperialism: The Economics of US Foreign Policy*. Nova York, Monthly Review Press, 1966, p. 15. [Ed. bras.: *Era do imperialismo:* a economia da política externa dos Estados Unidos. São Paulo, Hucitec, 1978.]

40   *O século XXI* – socialismo ou barbárie?

sistema de forma constantemente agravada ao longo dos dois últimos séculos.

Sob esse aspecto, a retórica capitalista, mesmo a melhor delas, como a que Roosevelt praticou numa situação de emergência, não é uma solução prudente. A retórica de Roosevelt – nostalgicamente lembrada ainda hoje por muitos intelectuais de esquerda dos Estados Unidos – foi bem-sucedida exatamente por responder a uma situação de emergência[10]. Apesar de exagerar enormemente a validade universal das ações propostas e de atenuar ou simplesmente mentir sobre os elementos de construção do império americano, havia alguma unidade de interesses tanto no tratamento dos sintomas da depressão econômica mundial (ainda que não as suas causas, geralmente reduzidas à má moral, identificada com a má economia e com as ações de homens cegamente egoístas"[11]), quanto na participação dos Estados Unidos na derrota da

---

[10]   Roosevelt não ocultava que pretendia justificar seus atos em nome de uma emergência de guerra. Ele disse: "Solicitarei ao Congresso amplos poderes executivos para uma guerra contra a emergência, tão amplos quanto os que me seriam concedidos se fôssemos de fato invadidos por um inimigo estrangeiro". F. D. Roosevelt, "Primeiro Discurso de Posse", cit.

[11]   F. D. Roosevelt, "Segundo Discurso de Posse", Washington, D.C., 20 de janeiro de 1937. Roosevelt também afirmou, no mesmo espírito, que pequena parte do lucro gerado era "dedicado à redução dos preços. O *consumidor era esquecido*. Uma parte muito pequena se destinava ao aumento de salários; *o trabalhador era esquecido*, e uma proporção absolutamente insuficiente era paga a título de dividendos – *o acionista era esquecido*" ("Discurso do New Deal de Roosevelt"). Ninguém perguntou por que eram esquecidos. O que importava é que agora eles foram *lembrados* e, portanto, tudo poderá ser e será corrigido. O que falta nesse discurso é o reconhecimento de *incompatibilidades* objetivas insuperáveis. É o que, em diversas ocasiões, torna irrealisticamente retórico o discurso rooseveltiano.

A *fase potencialmente fatal do imperialismo*   41

Alemanha de Hitler. Hoje, pelo contrário, em vez do melhor discurso dos anos do "New Deal", somos bombardeados com discurso da pior espécie: uma camuflagem cínica da realidade que apresenta os mais gritantes interesses imperialistas dos Estados Unidos como a panaceia da *"democracia multipartidária"*, a defesa seletivamente tendenciosa dos *"direitos humanos"* (que acomoda, entre muitos outros, o genocídio turco contra os curdos, ou o extermínio de meio milhão de chineses na Indonésia na época da subida de Suharto, e mais tarde de centenas de milhares de pessoas no Timor Leste pelo mesmo regime cliente dos Estados Unidos), e a denunciada "dominação por monopólios no país e no exterior" como o *"mercado livre"*.

Hoje, "a competição entre grupos de empresas gigantescas e seus governos" tem um importante elemento limitante: o enorme poder dos Estados Unidos, que tendem perigosamente a assumir o papel do Estado do sistema do capital em si, submetendo, por todos os meios ao seu alcance, todas as potências rivais. O fato de ser impossível realizar esse outro objetivo sobre base duradoura não inibe as forças que buscam implacavelmente a sua realização. E o problema não se limita a um equívoco subjetivo qualquer. Como ocorre com toda contradição importante de um dado sistema, as condições objetivas tornam imperativo que se persiga hoje a estratégia da dominação hegemônica por uma superpotência econômica e militar, não importa a que custo, para tentar superar a separação estrutural entre o capital transnacional e os Estados nacionais. Contudo, a própria natureza da contradição subjacente faz prever o necessário fracasso dessa estratégia no longo prazo. Houve muitas tentativas de abordar a questão das conflagrações potenciais e da forma de lhes dar solução, desde o sonho kantiano da Liga das Nações, que asseguraria a paz perpétua, até a sua institucionalização depois da Primeira

42   *O século XXI* – socialismo ou barbárie?

Guerra Mundial; desde os princípios solenemente declarados do Tratado do Atlântico até a operacionalização das Nações Unidas. Todas se mostraram penosamente inadequadas à tarefa proposta. O que não causa espanto, pois o fracasso na instituição de um "Governo Mundial" sobre a base do modo estabelecido de reprodução do metabolismo social do capital resulta do fato de estarmos diante dos limites absolutos e insuperáveis do sistema do capital em si. Desnecessário dizer, sob esse aspecto, que o fracasso do capital, isto é, do antagonista estrutural do trabalho, está longe de ser causa de tranquilidade.

2.3.

Evidentemente, a dominação imperialista não é novidade na história norte-americana, ainda que tenha sido justificada como os "cinquenta anos de educação do povo filipino para se autogovernar", conforme as palavras do presidente Roosevelt (para não falar em bem mais que cinquenta anos de "educação adicional" por meio da ação de representantes dos Estados Unidos, tais como o ditador Marcos e seus sucessores). Como enfatizou Daniel B. Schirmer em seu livro penetrante e meticulosamente documentado sobre o breve movimento anti-imperialista nos Estados Unidos da virada do século:

> A Guerra do Vietnã é apenas a última, mais prolongada e mais brutal, de uma série de intervenções dos Estados Unidos nos negócios de outros povos. A invasão de Cuba, patrocinada pelas autoridades dos Estados Unidos, fracassou na Baía dos Porcos. Já em outros casos, como na República Dominicana, na Guatemala, na Guiana Inglesa, no Irã e no Congo, a intervenção foi mais eficaz. E a lista ainda não está completa: outros povos coloniais (bem como alguns europeus) já sentiram os efeitos da agressiva intrusão norte-americana em suas políticas internas, às vezes também sob a forma de violência direta. [...] As políticas atuais de contrainsurgência

A fase potencialmente fatal do imperialismo   43

e intervenção se originaram em acontecimentos ocorridos no início do século XX. Os Estados Unidos derrotaram a Espanha na guerra e lhe tomaram as colônias do Caribe e do Pacífico, arrebatando Porto Rico sem rodeios, dando a Cuba uma independência nominal e anexando as Filipinas depois de abafar, pela força, uma revolução nacionalista. O que distingue particularmente a política externa atual da guerra do México e da maioria das guerras contra os índios é o fato de ela ser o produto de outra era na história americana e de responder a pressões sociais absolutamente diferentes. A política externa de hoje está associada à ascensão da grande empresa, industrial ou financeira, como a força econômica dominante do país, exercendo poderosa influência sobre o governo dos Estados Unidos. A guerra hispano-americana e a guerra para derrotar Aguinaldo e os rebeldes filipinos foram as primeiras guerras conduzidas em consequência dessa influência, as primeiras guerras da América corporativa moderna.[12]

---

[12] Daniel P. Schirmer, *Republic or Empire: American Resistance to the Philippine War*. Rochester, Schenkman Books, s.d., p. 1-3. Fiel ao contexto histórico, o autor também deixa clara a razão do fracasso do movimento anti-imperialista da virada do século: "Em 1902, George S. Boutwell, presidente da liga anti-imperialista e antigo sócio de Lincoln, concluiu que a liderança de uma luta bem-sucedida contra o imperialismo deveria ficar nas mãos do movimento trabalhista. Ele afirmou perante uma plateia de sindicalistas em Boston: 'O esforço final para a salvação da república deve ser feito pelas classes produtoras e trabalhadoras'. Se fosse realmente o caso, estava claro que o movimento operário norte-americano não estava pronto para assumir essa responsabilidade, dominado que era por homens como Gompers, que desenvolviam uma política de conciliação com os trustes e de apoio às suas políticas externas. Independentemente do que o futuro reservasse para a crença de Boutwell, já naquela época os anti-imperialistas estavam perdendo influência; representavam uma ideologia sem base social estável e crescente" (Ibidem, p. 258).

44   *O século XXI* – socialismo ou barbárie?

Quando proclamou a estratégia do "reajuste econômico internacional" em seu "Primeiro Discurso de Posse", o presidente Roosevelt indicava a determinação de trabalhar pela dissolução de todos os impérios coloniais, e não somente o britânico. Como outros importantes percursos históricos, essa abordagem também teve um precedente várias décadas antes. De fato, ela se ligava intimamente com a "Política de Porta Aberta" proclamada no início do século. A "Porta Aberta" que se exigia de outros países visava a penetração econômica (em contraste com a ocupação colonial), mantendo um silêncio característico sobre a dominação política que a acompanhava. Portanto, não causa espanto que muitas pessoas considerassem essa política absolutamente hipócrita. Quando, em 1899, em função dela, os Estados Unidos abriram mão de estabelecer um enclave colonial na China, acompanhando outras potências equivalentes, não o fizeram por esclarecimento liberal ou por generosidade democrática. A oportunidade foi recusada porque – como a maioria das articulações dinâmicas do capital à época – os Estados Unidos queriam para si toda a China, e esperavam, no devido tempo, atingir esse objetivo. Esse propósito ficou absolutamente claro no curso dos acontecimentos históricos subsequentes, chegando até nossos dias.

Contudo, conquistar dominação mundial por meio da "Política de Porta Aberta" – dada a relação de forças na configuração global das principais potências imperialistas – seria ainda muito prematuro na virada do século. Foi necessário que ocorresse a assustadora mortandade da Primeira Guerra Mundial, assim como o surgimento da grave crise econômica mundial após um curto período de reconstrução, antes que se pudesse anunciar, com a devida cautela, a versão rooseveltiana da estratégia. Ademais, ela exigiu a carnificina ainda maior da Segunda Guerra Mundial, associada à emer-

A fase potencialmente fatal do imperialismo   45

gência, durante aquela guerra, dos Estados Unidos como a maior potência econômica, antes de se tornar necessário impor, pela força, a estratégia rooseveltiana no período. A única complicação importante que restou – a existência do Sistema Soviético (já que o outro complicador, a China, só se materializaria definitivamente em 1949) – era considerada estritamente temporária. Esse ponto de vista foi confiantemente afirmado nas inúmeras declarações do Secretário de Estado John Foster Dulles sobre a política de "contenção do comunismo".

Assim, ao longo dos acontecimentos do século XX, chegamos ao ponto em que a existência lado a lado – bem como a coexistência competitiva – das potências imperialistas já não pôde mais ser tolerada, apesar de tudo o que se diz a respeito do "mundo policêntrico". Como bem observou Baran, já em 1957, "os orgulhosos donos de impérios coloniais foram reduzidos à condição de 'sócios minoritários' do imperialismo americano". Quando se discutiu o futuro das possessões imperiais, já perto do final da Segunda Guerra, os interesses britânicos foram desconsiderados como noções irremediavelmente "vitorianas" do "meu querido Winston". Ao mesmo tempo, ninguém consultou De Gaulle[13], para não mencionar os belgas, os holandeses e os portugueses, que sequer foram considerados. Toda conversa a respeito do "mundo policêntrico", sob o princípio de algum tipo de igualdade entre Estados, pertence ao mundo da pura fantasia, ou daquela cínica camuflagem ideológica. É evidente que

---

[13] A questão não se limitava à Indochina francesa. A atitude de Roosevelt foi igualmente contrária à manutenção das possessões francesas do Norte da África, principalmente o Marrocos. Ver, a esse respeito, sua carta a Cordell Hull, datada de 24 de janeiro de 1944 (p. 168 do livro de T. H. Greer citado na nota 6 deste Capítulo).

46 *O século XXI* – socialismo ou barbárie?

não há nada de surpreendente nesse fato. Pois o "pluralismo" no mundo do capital nada significa senão a *pluralidade de capitais* que não admite nenhuma consideração de igualdade. Pelo contrário, ele sempre se caracterizou pela mais pérfida ordem de hierarquias estruturais e relações de forças correspondentes, que sempre favorecem o mais forte no seu impulso para engolir o mais fraco. Assim, dada a inexorabilidade da lógica do capital, era apenas uma questão de tempo até que o dinamismo do sistema atingisse, também no nível das relações entre Estados, o estágio em que uma única potência hegemônica submetesse todas as menos poderosas, independentemente do tamanho, e afirmasse seu direito exclusivo – em última análise insustentável e extremamente perigoso para o conjunto da humanidade – de ser o Estado do sistema do capital por excelência.

2.4.

Extremamente significativa, sob esse aspecto, é a atitude assumida em relação à questão dos *interesses nacionais*. De um lado, sua legitimidade é afirmada pela força quando as questões em pauta afetam, direta ou indiretamente, os supostos interesses dos Estados Unidos, que não hesitam em usar as formas mais extremas de violência militar, ou a ameaça de tal violência, para impor ao resto do mundo suas decisões arbitrárias. De outro, entretanto, interesses nacionais legítimos de outros países são arrogantemente ignorados como "nacionalismo" intolerável ou como "pandemônio étnico"[14]. Ao mesmo tempo as Nações Unidas e outras organizações internacionais são tratadas como joguetes dos Estados Unidos, e desafiadas com o maior cinismo

---

[14] Ver o conhecido livro do Senador democrata Daniel Moynihan, *Pandaemonium: Ethnicity in International Relations*, Nova York, Oxford University Press, 1993.

quando suas resoluções não caem no agrado dos guardiães dos interesses nacionais norte-americanos mais ou menos abertamente declarados. Os exemplos são incontáveis. Sobre alguns dos mais recentes, Chomsky teceu ácidos comentários:

> As mais altas autoridades explicaram com brutal clareza que o Tribunal Mundial, as Nações Unidas e outras agências haviam se tornado irrelevantes, pois já não seguiam as ordens dos Estados Unidos, como faziam nos primeiros anos do pós-guerra. [...] No governo Clinton, o desprezo pela ordem mundial se tornou tão extremado a ponto de gerar preocupações até mesmo entre os falcões da análise política.[15]

Para serem ainda mais ofensivos, os Estados Unidos se recusam a pagar sua enorme dívida de contribuições atrasadas como membro das Nações Unidas, impondo ao mesmo tempo suas políticas à organização, inclusive os cortes de recursos para a cronicamente carente Organização Mundial de Saúde. Esse escandaloso obstrucionismo foi observado até por figuras do *establishment*, como Jeffrey Sachs, cuja devoção à causa da "economia de mercado" dominada pelos Estados Unidos está fora de dúvida. Ele escreveu em artigo recente:

> A recusa dos Estados Unidos em pagar as contribuições devidas às Nações Unidas é certamente o caso mais significativo de falta de pagamento de obrigações internacionais. [...] Os Estados Unidos reduziram sistematicamente o orçamento de agências das Nações Unidas, inclusive as mais vitais, como a Organização Mundial de Saúde.[16]

---

[15] Noam Chomsky, "The Current Bombings", *Spectre*, nº 7, verão de 1999, p. 18.

[16] Jeffrey Sachs, "Helping the World's Poorest", *The Economist*, 14 de agosto de 1999, p. 16 e 22.

48   *O século XXI* – socialismo ou barbárie?

É necessário mencionar aqui também os esforços – tanto ideológicos quanto organizacionais – investidos para superar a estrutura nacional de tomada de decisões. O *slogan* superficialmente tentador "pense globalmente, aja localmente" é um exemplo interessante. Pois é óbvio que as pessoas em geral, que são privadas de todo poder significativo de decisão numa escala mais ampla (que não o ritual eleitoral, que é uma espécie de abdicação), talvez considerem viável intervir de alguma forma no nível estritamente local. De mais a mais, não é possível negar a importância potencial da ação local adequada. Entretanto, o "global", a que se espera que prestemos atenção acrítica – subscrevendo obedientemente as teses relativas à "impotência dos governos nacionais" e à "inevitabilidade da globalização multinacional", que descreve errada e tendenciosamente as empresas *nacionais-transnacionais* (dominadas em grande parte pelos Estados Unidos) como "multinacionais" e portanto universalmente aceitáveis – torna-se totalmente vazio sem as complexas relações com as comunidades nacionais. Ademais, uma vez que se divorcia o "global" de sua inserção nos múltiplos ambientes nacionais, desviando a atenção das relações contraditórias que entrelaçam os Estados, também o "local", dentro do qual se espera agir, torna-se absolutamente míope e em última análise sem significado[17]. Se a "democracia" ficar confinada desta

---

[17]   De forma característica, *The Economist*, em seu editorial sobre a pobreza no "mundo subdesenvolvido", enfatiza as questões municipais ("fornecimento confiável de água" – a ser obtida de "vendedores de água", e não por meio da instalação de dispendiosas redes de distribuição até as casas" – "drenagem segura", e a "coleta regular de lixo"), concluindo que "as principais respostas estão no aumento da eficiência e responsabilidade dos *governos locais*". ("Helping the Poorest", *The Economist*, 14 de agosto de 1999, p. 11.) A verdade é que os governos locais dos países em questão são irremediavelmente

A fase potencialmente fatal do imperialismo   49

forma a essas "ações locais" resumidas, seria então o caso de "a tomada de decisão e a ação globais", que inevitavelmente afetam a vida de todos os indivíduos, serem autoritariamente exercidas pelas forças econômicas e políticas dominantes – naturalmente dos Estados Unidos – de acordo com a posição ocupada por elas na hierarquia global do capital. Os recursos investidos pelo Banco Mundial e por outras organizações dominadas pelos Estados Unidos na tentativa de aprimorar o "local" à custa do nacional, de arregimentar o apoio das elites acadêmicas e outras elites intelectuais por meio de conferências e projetos de pesquisa bem patrocinados (especialmente, mas não exclusivamente no Terceiro Mundo), indicam o propósito de criar um "Governo Mundial" que contorne efetivamente os processos de decisão potencialmente problemáticos do nível intermediário nacional, com sua inevitável recalcitrância, e legitimar a escandalosamente autoritária dominação da vida social por um "Governo Mundial" implacavelmente imposto de cima em nome de uma "democracia" fictícia, sinônimo da pretensa "ação local" dos "coletores regulares de lixo".

2.5.

As manifestações do imperialismo econômico dos Estados Unidos são numerosas demais para serem relacionadas aqui, e muitas delas são suficientemente bem conhecidas, tornando desnecessários outros comentários. Já discuti no passado algumas das questões mais destacadas, inclusive aquelas contra as quais até mesmo os políticos conservadores foram obrigados a protestar, tais como

---

tolhidos pelos parcos recursos oferecidos pelos governos nacionais, que por sua vez são iniquamente presos às estruturas hierárquicas autoperpetuadoras do sistema global do capital.

50   *O século XXI* – socialismo ou barbárie?

os regulamentos sobre transferência de tecnologia, as leis protecionistas norte-americanas, os controles extraterritoriais coordenados pelo Pentágono e protegidos pelo Congresso.[18] [...] canalizados para as maiores e mais ricas empresas do mundo. [...] São irresistíveis e, se não forem contidos, abrirão caminho num setor após o outro das tecnologias avançadas mundiais...[19]

Discuti também no mesmo artigo "a vantagem industrial do segredo militar", "pressões como as diretamente impostas pelo Legislativo e Executivo dos Estados Unidos" e "o verdadeiro problema da dívida"[20] no mundo. Ou seja, a dívida astronômica dos Estados Unidos, imposta ao mundo por aquela potência imperialista dominante, enquanto o mundo for capaz de continuar pagando-a.

No que se refere ao "imperialismo do dólar", os protestos são ouvidos, mas de nada valem. O imperialismo econômico do país continuará seguro enquanto os Estados Unidos mantiverem sua dominante posição opressora, não somente por meio do dólar, como a moeda mundial privilegiada, mas também pelo domínio de todos os órgãos de intercâmbio econômico, desde o FMI até o Banco Mundial, desde o GATT até sua sucessora, a Organização Mundial do Comércio. Hoje, na França, milhares de pessoas protestam contra o "imperialismo econômico norte-americano" em razão das tarifas punitivas recentemente impostas a elas pelos Estados Unidos

---

[18]   Declaração de renúncia ministerial de Michael Heseltine, de 9 de janeiro de 1986, citada em István Mészáros, "A crise atual", republicado na Parte IV de *Para além do capital*, São Paulo, Boitempo, 2002, p. 1079.

[19]   Ibidem, p. 1079.

[20]   Ibidem, p. 954-8.

A fase potencialmente fatal do imperialismo   51

sob o julgamento pretensamente independente da OMC. O mesmo tipo de medida foi imposto diversas vezes, no passado, com a maior sem-cerimônia ao Japão, terminando pela submissão relutante ou voluntária das autoridades japonesas aos ditames norte-americanos. Se na última rodada de tarifas punitivas, impostas à Europa, a Grã-Bretanha foi tratada com um pouco mais de indulgência, foi apenas uma recompensa pelo servilismo absoluto com que o atual governo do "Novo Trabalhismo" atende a todas as ordens que chegam de Washington. Mas, mesmo assim, as escaramuças de uma guerra comercial internacional que já vimos no passado, e que ainda hoje observamos, revelam uma séria tendência com potenciais consequências de longo alcance para o futuro.

Da mesma forma, não se pode admitir que a intervenção prepotente de agências governamentais dos Estados Unidos no campo da alta tecnologia, tanto militar quanto civil, continue indefinidamente. Numa área crucial – tecnologia de computadores, tanto no *hardware* quanto no *software* –, a situação é extremamente grave. Para mencionar apenas um caso, a Microsoft desfruta de uma posição de quase absoluto monopólio mundial, por meio da qual seus programas geram consequências pesadas também para a aquisição do equipamento mais adequado. Mas além dessa questão, descobriu-se há pouco um código secreto embutido nos programas da Microsoft, que permite aos serviços militares e de inteligência dos Estados Unidos espionar qualquer pessoa no mundo que seja usuária do "Windows" e da Internet.

Também em outra área de vital interesse, a produção de alimentos geneticamente modificados por gigantes transnacionais americanos, como a Monsanto, o governo dos Estados Unidos está fazendo o possível para impor ao resto do mundo produtos cuja adoção garantiria – ao forçar eternamente os agricultores de todo o mundo a comprar

52   *O século XXI* – socialismo ou barbárie?

sementes não renováveis da Monsanto – o domínio absoluto para os Estados Unidos no campo da agricultura. As tentativas de empresas norte-americanas de patentear genes visam objetivo semelhante.

Por outro lado, os conflitos em torno dos "direitos de propriedade intelectual"[21], que os Estados Unidos tentam impor ao resto do mundo através da OMC – visando, entre outras coisas (inclusive vastos interesses econômicos), garantir a dominação permanente do cinema e da televisão

---

[21] As boas intenções de Jeffrey Sachs ficam claras quando ele escreve que "o regime global sobre direitos de propriedade intelectual exige uma nova abordagem. Os Estados Unidos prevaleceram sobre o mundo para endurecer códigos de patente e reduzir a pirataria intelectual. Mas agora as empresas transnacionais e as instituições dos países ricos estão patenteando tudo, desde o genoma humano até a biodiversidade da floresta equatorial. Os pobres serão espoliados, a menos que se introduza nesse processo desgovernado um pouco de bom senso e equidade" (J. Sachs, op. cit., p. 22). Entretanto, ele assume um irrealismo sem remédio quando descreve as determinações por detrás das políticas criticadas como *"incrivelmente mal orientadas"* (ibidem, p. 16). Não há nada de mal orientado nessas políticas, muito menos "incrivelmente mal orientadas", o que sugere que elas possam ser corrigidas por uma boa dose de esclarecimento racional (como Roosevelt, ao se "lembrar" do que havia sido "esquecido"). Pelo contrário, elas são representações de decisões deliberadas, calculadas e implacavelmente impostas, que emanam das hierarquias estruturalmente protegidas e dos imperativos objetivos do capital. Mais uma vez, o nó da questão não é a falta de uma ideia racional – que agora é alegremente oferecida –, mas a realidade de *incompatibilidades* esmagadoras: no caso de Sachs, a que existe entre "bom senso e equidade". Pois o que recomenda o bom senso, a exclusão radical de todas as considerações sobre equidade nega em termos absolutos. É por isso que o artigo de Jeffrey Sachs – dada a atitude reverente do autor perante a "sociedade de mercado" (que nem pode ser chamada por seu próprio nome) – termina numa "solução de mercado" totalmente fictícia.

A fase potencialmente fatal do imperialismo   53

mundiais pelos produtos de terceira e até décima categoria com que Hollywood nos invade –, mostram outra questão de grande importância, gerando gritos contra o "imperialismo cultural norte-americano". Ao mesmo tempo, o "imperialismo do negócio cultural" americano, fenomenalmente bem financiado, sob a forma da penetração de um exército americano de "consultores de administração" por todo o mundo, é parte do mesmo quadro.

Mas talvez a mais séria das atuais tendências de dominação econômica e cultural seja a forma voraz e terrivelmente perdulária com que os Estados Unidos tomam para si os recursos de energia e de matérias-primas do mundo: *25% deles para não mais que 4% da população do mundo,* com dano imenso e crescente para as condições ambientais de sobrevivência humana. Pois, nesse mesmo espírito, os Estados Unidos continuam o processo de sabotagem ativa de todos os esforços internacionais que visam introduzir alguma forma de controle para limitar e, talvez no ano de 2012, reduzir em certo grau a atual tendência catastrófica de dano ambiental, que já não pode mais ser negada nem mesmo pelos mais empedernidos apologistas do sistema.

2.6.

A dimensão militar de tudo isso é grave. Portanto, não é exagero afirmar – tendo em vista também o antes inimaginável poder destrutivo dos armamentos acumulados ao longo da segunda metade do século XX – que entramos na *fase mais perigosa do imperialismo em toda a história*; pois o que está em jogo hoje não é o controle de uma região particular do planeta, não importando o seu tamanho, nem a sua condição desfavorável, por continuar tolerando as ações independentes de alguns adversários, mas o controle de sua *totalidade* por uma superpotência econômica e mi-

54   *O século XXI* – socialismo ou barbárie?

litar hegemônica, com todos os meios – incluindo os mais extremamente autoritários e violentos meios militares – à sua disposição. É essa a racionalidade última exigida pelo capital globalmente desenvolvido, na tentativa vã de assumir o controle de seus antagonismos inconciliáveis. A questão é que tal racionalidade – que se pode escrever sem aspas, pois ela corresponde genuinamente à lógica do capital no atual estágio histórico de desenvolvimento global – é ao mesmo tempo a forma mais extrema de irracionalidade na história, incluindo a concepção nazista de dominação do mundo, no que se refere às condições necessárias para a sobrevivência da humanidade.

Quando Jonas Salk recusou-se a patentear sua descoberta da vacina contra a poliomielite, dizendo que seria o mesmo que pretender "patentear o sol", ele não imaginava que chegaria o tempo em que o capital seria forçado a tentar exatamente isso, patentear não somente o sol, mas também o ar, ainda que isso implicasse o abandono de toda preocupação pelos perigos mortais que essas ambições trazem para a sobrevivência humana. Pois a lógica última do capital no seu processo de tomada de decisão só pode pertencer a uma variedade *categoricamente autoritária*, de cima para baixo, desde o microcosmo das pequenas empresas econômicas até os níveis mais altos de tomada de decisão política ou militar. Mas como se podem impor patentes sobre o sol e o ar?

A esse respeito, há dois aspectos proibitivos, ainda que o capital – no seu afã de demolir seus próprios limites intranscendíveis – seja obrigado a lhes negar reconhecimento. O primeiro é o fato de a *pluralidade de capitais* não poder ser eliminada, por mais inexorável e brutal que seja a tendência monopolista de desenvolvimento manifesta no sistema. E, segundo, o fato de a correspondente *pluralidade do trabalho social* não poder ser eliminada, de forma a

A fase potencialmente fatal do imperialismo   55

transformar a força total de trabalho da humanidade, com todas as suas variedades e divisões nacionais e seccionais, num "servo obediente" e sem inteligência do setor hegemonicamente dominante do capital. Pois o trabalho, em sua insuperável pluralidade, nunca será capaz de abdicar do seu direito de acesso ao ar e ao sol; e muito menos sobreviver, sem o sol e o ar, para o próprio benefício do capital – uma necessidade absoluta desse modo de controle metabólico da reprodução social.

Os que sustentam que hoje o imperialismo não implica a ocupação militar de território não apenas subestimam os perigos que nos esperam, mas também aceitam as aparências mais superficiais e enganadoras como as características substantivas definidoras do imperialismo de nosso tempo, ignorando tanto a história quanto as tendências contemporâneas de desenvolvimento. Com suas bases militares, os Estados Unidos ocupam militarmente o território de nada menos que *69 países*: um número que continua a crescer com a ampliação da Otan. Essas bases não existem para benefício das pessoas – a grotesca justificativa ideológica –, mas para benefício único do poder de ocupação, de forma a lhe dar condições de impor políticas que melhor atendam aos seus interesses.

De qualquer forma, no que tange à ocupação militar direta de territórios coloniais no passado, sua extensão é apenas parcial. De outra forma, como a exígua população da Inglaterra teria sido capaz de dominar a população e o território incomparavelmente maior que seu imenso império, principalmente a Índia? Tamanha desproporcionalidade não foi uma característica exclusiva do Império Britânico. Como bem nos lembra Renato Constantino com relação às Filipinas:

> Desde o início, a colonização espanhola operou mais pela religião que pela força, afetando assim profundamente a

56   *O século XXI* – socialismo ou barbárie?

consciência. Isso permitiu às autoridades impor tributos, trabalhos forçados e recrutamentos apesar da pequena força militar. Sem o trabalho dos padres, isso seria impossível. Eles se tornaram os pilares do estabelecimento colonial; tanto que ficou conhecida a afirmação de que "em cada frei nas Filipinas o rei tinha um capitão-geral e todo um exército". A manipulação das consciências no interesse do controle colonial viria a se repetir em outro plano pelos norte-americanos, que, depois de uma década de feroz repressão operada igualmente pela consciência, desta vez usaram a educação e outras instituições culturais.[22]

A China, outro exemplo de importância vital, nunca foi ocupada militarmente, a não ser em pequenas partes de seu território. Nem mesmo quando os japoneses a invadiram com grandes forças militares. Contudo, durante muito tempo, o país foi completamente dominado por potências estrangeiras. Tanto que o jovem Mao comentou sarcasticamente que "o peido do estrangeiro deve ser saudado como um perfume celestial". O que importava em todas as aventuras imperialistas era sempre a habilidade de impor *leis* ao país dominado numa base contínua, pelo uso de intervenções militares punitivas somente quando o governo "normal" fosse desafiado. A famosa expressão "diplomacia das canhoneiras" encapsulou bem o que era viável e praticável com os recursos militares disponíveis.

As principais características dessa dominação imperialista ainda continuam a existir hoje. A multiplicação do

---

[22]   Renato Constantino, *Identity and Consciousness: The Philippine Experience*. Quezon City, Malaya Books, 1974, p. 6. Os norte-americanos só abandonaram o controle do sistema educacional filipino em 1935, quando já exerciam um controle indireto muito eficaz.

poder destrutivo do arsenal militar em uso atualmente – especialmente o potencial catastrófico das armas aéreas – modificou em certo grau as formas de impor comandos militaristas a um país que se quer subjugar, mas não a sua substância. Com toda probabilidade, a forma última de ameaçar um adversário no futuro – a nova "diplomacia das canhoneiras" exercida pelo "ar patenteado" – será a *chantagem nuclear*. Mas seu objetivo será análogo ao do passado, embora a modalidade imaginada apenas acentue a inviabilidade absurda de tentar impor dessa forma a racionalidade última do capital às partes recalcitrantes do mundo. Hoje também é inconcebível a tentativa de ocupar a China em sua totalidade, com seu 1.250 bilhão de pessoas, e manter a ocupação ainda que pela maior força militar externa de ocupação economicamente sustentável. Não que o caráter inconcebível de tal ocupação seja capaz de desencorajar os aventureiros imperialistas mais extremados, incapazes de aceitar qualquer alternativa à sua dominação mundial; mas enquanto isso os "mais sóbrios" – que no fim não são menos perigosos – imaginam movimentos estratégicos com o objetivo de quebrar a China com a ajuda da ideologia do "mercado livre" em fragmentos controláveis do centro hegemônico do capitalismo mundial.

É evidente que as forças militares têm de ser economicamente sustentadas, o que as confina a empresas limitadas tanto no porte das máquinas militares empregadas como no período de operações. O registro histórico das aventuras imperialistas passadas mostra que, quando elas se tornam muito extensivas – como foi o caso da França, primeiro sobre a Indochina, depois sobre a Argélia, e mais tarde dos Estados Unidos sobre o Vietnã –, é inevitável enfrentar o fracasso, ainda que às vezes seja demorada a sua conclusão. Com relação às incontáveis operações militares imperialistas

58   *O século XXI* – socialismo ou barbárie?

do passado, é preciso lembrar não apenas as que ocorreram nas Filipinas ou na fracassada guerra em grande escala de intervenção no Vietnã[23], mas também as da Guatemala, da República Dominicana, da Guiana Inglesa, de Granada, do Panamá e do Congo, bem como outras operações militares em outros países, desde o Oriente Médio e dos Bálcãs até várias partes da África. Uma das formas favoritas de fazer prevalecer os interesses imperialistas dos Estados Unidos foi sempre a de depor governos desagradáveis, impor ditadores totalmente dependentes do novo senhor e governar os países em questão por meio desses ditadores bem controlados. Estamos falando aqui de Marcos e Pinochet, Suharto e os generais brasileiros, Somoza e os generais títeres dos Estados Unidos, sem esquecer os coronéis gregos (a quem Lyndon Johnson chamou de "filhos da puta[24]") e Mobutu (chamado, num tipo esquisito de elogio, de o "nosso filho da puta[25]"

---

[23] Com relação ao desastroso envolvimento dos Estados Unidos no Vietnã, ver o livro fundamental de Gabriel Kolko, *Vietnam: Anatomy of a War, 1940-1975*, Londres, Allen & Unwin, 1986.

[24] Andreas Papandreou me contou em 1973 como foi libertado da prisão dos coronéis. Um antigo membro do "tanque de cérebros" de Kennedy, John Kenneth Galbraith, numa atitude louvável, visitou o presidente Johnson e lhe pediu que intercedesse em favor do velho amigo de Harvard. Johnson chamou uma secretária e lhe mandou ligar para a Embaixada norte-americana em Atenas. Isso feito, Johnson disse ao embaixador: "Mande esses filhos da puta soltarem esse homem bom, Papandreou, imediatamente" – o que foi feito. Pois eles sabiam muito bem quem mandava de verdade na Grécia.

[25] *The Economist* informou poucas semanas antes da derrubada do regime de Mobutu. A sentença completa citada pelo *Economist* foi: "Sabemos que ele é um filho da puta, mas é o *nosso* filho da puta". Essa descrição de um aliado oportuno é do tempo de Roosevelt, embora haja controvérsia se foi o próprio Roosevelt ou Cordell Hull quem usou a expressão de Somoza.

por um alto funcionário do Departamento de Estado). É bastante evidente o desprezo com que membros do governo dos Estados Unidos tratavam seus serviçais nos países sob sua dominação militar, enquanto cinicamente os apresentavam, para consumo público, como defensores do "Mundo Livre".

2.7.

O início da crise estrutural do capital ocorrida na década de 1970 produziu mudanças importantes na postura do imperialismo. Foi o necessário para adotar uma atitude cada vez mais agressiva e aventureira, apesar da retórica da conciliação, e mais tarde o absurdo propagandístico de uma "nova ordem mundial", com sua promessa sempre adiada de um "dividendo da paz". Ao contrário de algumas afirmações, seria errado atribuir essas mudanças à implosão do sistema soviético, embora seja verdade que a Guerra Fria e a presumida ameaça soviética tenha sido usada com muito sucesso no passado para justificar a expansão descontrolada do que o general Eisenhower, no final de seu mandato, chamou de "complexo industrial-militar". Os desafios que justificavam a adoção de uma atitude mais agressiva – e em última análise aventureira – já existiam muito antes do colapso do sistema soviético. Em 1983, ou seja, oito anos antes da implosão soviética, eu escrevi como se segue:

- o fim do regime colonial em Moçambique e Angola;
- o fracasso do racismo branco e a transferência do poder para o Zanu em Zimbábue;
- o colapso do regime cliente dos Estados Unidos administrado pelos coronéis na Grécia e a subsequente vitória do Pasok de Papandreou;

60   *O século XXI* – socialismo ou barbárie?

• a desintegração do eterno governo de Somoza, mantido pelos Estados Unidos na Nicarágua, e a impressionante vitória da Frente Sandinista;

• as lutas armadas de libertação em El Salvador e em outros pontos da América Central e o fim do controle até então fácil da região pelo imperialismo norte-americano;

• a total bancarrota – literal e não apenas no sentido figurado – das estratégias de desenvolvimento inspiradas e dominadas pela "metrópole" por todo o mundo, e a erupção de pesadas contradições nas três principais potências industriais da América Latina: Argentina, Brasil e México;

• a desintegração dramática e total do regime do Xá no Irã, e com ela uma importante derrota da estratégias norte-americanas há muito estabelecidas, gerando, a partir de então, *estratégias substitutivas, desesperadamente perigosas* – a serem implementadas *diretamente ou por terceiros*[26].

O que mudou depois do colapso do sistema soviético foi a necessidade de encontrar justificativas para a postura crescentemente agressiva do imperialismo dos Estados Unidos em diferentes partes do mundo, especialmente depois dos desapontamentos associados às tentativas de revitalizar o capital ocidental por meio da restauração economicamente sustentável do capitalismo – em contraste com os sucessos relativos mas ainda instáveis da manipulação da máquina política do Estado por meio da ajuda ocidental – na antiga

---

[26] István Mészáros, "Radical Politics and Transition to Socialism: Reflections on Marx's Centenary", publicado pela primeira vez no periódico brasileiro *Escrita Ensaio*, ano V, nº 11-12, verão de 1983, p. 105-24. Uma versão mais curta foi apresentada como conferência em Atenas, em abril de 1983. O artigo foi republicado na íntegra na Parte IV de *Para além do capital*, op. cit.

A fase potencialmente fatal do imperialismo   61

União Soviética. As "estratégias substitutas desesperadamente perigosas implementadas diretamente ou por terceiros" tornaram-se proeminentes nos anos que precederam e se seguiram à implosão soviética. Mas o advento dessas perigosas estratégias aventureiras não pode ser atribuído, como pensam alguns, ao fatídico enfraquecimento do adversário da Guerra Fria. Pelo contrário, o colapso soviético só pode ser entendido como parte integrante da crise estrutural do sistema do capital.

O Xá, como agente norte-americano – e como o garantidor de que não haveria outro Mossadegh –, atendeu aos seus objetivos pelo controle implacável de seu povo e pela compra maciça de armas do Ocidente, que tornaram possível tal controle. Uma vez desaparecido, era necessário encontrar outro agente para destruir o antagonista que falava do "Satã americano". Armado até os dentes pelos Estados Unidos e outros países ocidentais, o Iraque de Saddam Hussein parecia ser o indicado. Mas o Iraque fracassou na tentativa de derrotar o Irã e se tornou dispensável como elemento de instabilidade numa das regiões mais instáveis do mundo, de acordo com a definição da estratégia imperialista americana. Ademais, Saddam Hussein, como ex-agente dos Estados Unidos, poderia servir melhor a um objetivo maior: ser promovido à condição de inimigo mítico todo-poderoso que representa não apenas o mesmo perigo atribuído à União Soviética, nos anos da Guerra Fria, mas, muito mais que isso, aquele que ameaça com a guerra química e biológica – além do holocausto nuclear – todo o mundo ocidental. Dado esse inimigo mítico, esperávamos ver a justificação não apenas à Guerra do Golfo, mas às várias intervenções importantes no Iraque desde então, bem como à matança de um milhão de crianças em virtude das sanções impostas ao país por

62   *O século XXI* – socialismo ou barbárie?

ordem dos Estados Unidos, vergonhosamente aceitas por nossas "grandes democracias", que continuam a se ufanar de suas "políticas externas éticas".

Mas tudo isso não basta para arranhar a superfície da instabilidade crônica até mesmo na região do Oriente Médio, sem falar do resto do mundo. Aqueles que pensam que o imperialismo atual não exige ocupação territorial devem refletir melhor. Já existem, em partes dos Bálcãs, ocupações militares que se mantêm por período indefinido de tempo (que também se admite serem um "compromisso indefinido"), e quem é capaz de jurar que outras intervenções similares não venham a ocorrer em outras partes do mundo? As tendências atuais são nefastas e o aprofundamento da crise é um agravante ainda maior.

Já vimos no passado dois desenvolvimentos extremamente perigosos da ideologia e da estrutura organizacional do imperialismo americano. O primeiro está relacionado à Otan. Não apenas a sua significativa expansão para o Leste, que pode ser considerada ameaçadora pelas autoridades da Rússia, se não hoje, talvez no futuro. Mas, ainda mais importante, as metas e os objetivos da organização foram radicalmente redefinidos, em contradição com o direito internacional, transformando-a do que antes se dizia ser uma associação militar *puramente defensiva* numa aliança potencialmente mais ofensiva, capaz de fazer o que quiser sem se reportar a nenhuma autoridade legal – ou melhor, é capaz de fazer o que os Estados Unidos quiserem e mandarem fazer. Numa reunião da cúpula (abril de 1999) da Otan, a Organização do Tratado do Atlântico Norte, em Washington, sob pressão norte-americana, "adotou um novo conceito estratégico, segundo o qual eles podem realizar intervenções militares até fora da área da Otan, sem se preocupar com a soberania de outros países e desconsiderando completamente as Nações

A fase potencialmente fatal do imperialismo   63

Unidas"[27]. Sob esse aspecto, é também muito significativo o fato de a justificação ideológica da nova postura, claramente ofensiva – oferecida sob a forma de vinte e quatro "*fatores de risco*" –, ser transparentemente fraca. Admite-se até mesmo que, "dos vinte e quatro fatores de risco, só se pode considerar que apenas cinco representam perigo militar real"[28].

O segundo desenvolvimento recente, que é extremamente perigoso – quase completamente ignorado no Ocidente, infelizmente até pela esquerda[29] –, refere-se ao novo Tratado de Mútua Segurança entre Japão e Estados Unidos, que foi rapidamente aprovado pelas câmaras legislativas do Japão (a Dieta e a Suprema Câmara dos Conselheiros). Sob esse aspecto, os novos desenvolvimentos desafiam cinicamente o direito internacional e também violam a Constituição japonesa. Um importante líder político japonês, Tetsuzo Fuwa, comentou:

> A natureza perigosa do Tratado de Segurança Japão-Estados Unidos poderá mesmo arrastar o Japão para as guerras dos Estados Unidos, desafiando a Constituição japonesa, que renuncia à guerra. Por trás disso está a extremamente perigosa *estratégia de ataque preventivo*, segundo a qual os Estados Unidos podem interferir em outro país e atacar arbitrariamente qualquer país que lhes aprouver.[30]

---

[27] Shoji Nühara, "Struggle Against US Military Bases", *Dateline Tokyo*, nº 73, julho de 1999, p. 2.

[28] József Ambrus, "A polgári védelem feladatai" (As tarefas da defesa civil), numa edição especial de *Ezredforduló*, dedicada aos problemas gerados pela entrada da Hungria na Otan, *Strategic Enquiries of the Hungarian Academy of Sciences*, 1999, p. 32.

[29] Para uma notável exceção, ver a carta de John Manning a *Spectre*, nº 6, primavera de 1999, p. 37-8. Sobre questão afim, ver *US Military Bases in Japan: A Japan US Dialogue*, Relatório do Simpósio de Boston, 25 de abril de 1998, Cambridge, Massachusetts.

[30] Tetsuzo Fuwa, "Discurso perante a Comissão de Paz no seu 50º Aniversário", *Japan Press Weekly*, 3 de julho de 1999, p. 15. Ao

64   *O século XXI* – socialismo ou barbárie?

Desnecessário dizer, a posição que se pretende atribuir ao Japão na "estratégia de ataque preventivo", cujas ordens emanam de Washington, é o papel de *"bucha de canhão"*, contribuindo generosamente ao mesmo tempo para cobrir os custos das operações militares[31], como o país já foi forçado a fazer no caso da Guerra do Golfo.

Um dos aspectos mais sinistros desses acontecimentos vieram recentemente à luz quando da renúncia forçada do vice-ministro da Defesa do Japão, Shingo Nishimura, por se precipitar e insistir agressivamente que o Japão deveria se armar nuclearmente. E ele foi ainda mais longe ao projetar, numa entrevista, o uso de força militar com referência ao litígio das ilhas Senkaku. Segundo ele, "caso a diplomacia se mostre incapaz de resolver a questão, a Agência de Defesa deve agir". Como bem observou o editorial do jornal *Akahata*:

> O verdadeiro problema neste caso é o fato de um político, que abertamente propõe armas nucleares para o Japão e o uso da força militar como meio de resolver questões

---

comparar o primeiro-ministro Obuchi com a principal figura da oposição, *The Economist* escreveu: "Até agora os acontecimentos tenderam a mostrar o sr. Obuchi como um amador despreparado, especialmente quando enfrenta profissionais consumados como Tetsuzo Fuwa". Em "A Pity about Uncle Obuchi", *The Economist*, 20 de novembro de 1999, p. 97-8.

[31] É o que já está acontecendo, na medida em que o Japão é forçado a pagar o pesado custo da ocupação militar americana representado pelas inúmeras bases no país. "Os custos assumidos pelo Japão em 1997 para manter as bases americanas no Japão chegaram a US$ 4,9 bilhões, primeiro lugar entre outras nações do mundo (conforme "Allied Contribution to Common Defence, Relatório de 1999"), o que representa um custo de US$ 122.500 por soldado norte--americano no Japão. (S. Nühara, op. cit., p. 3.)

A fase potencialmente fatal do imperialismo   65

internacionais, ter assento no governo. É natural que outras nações asiáticas tenham expressado graves preocupações com relação a essa questão. O que é pior, segundo um acordo secreto com o governo dos Estados Unidos, os governos do Partido Liberal Democrático esvaziaram os três princípios antinucleares (não possuir, nem fabricar, nem permitir a vinda de armas nucleares ao Japão). Ademais, a recente "legislação de emergência" visa dar prioridade às operações militares das forças dos Estados Unidos e da FAD (Força de Autodefesa) no caso de uma guerra pela mobilização em favor da cooperação militar, confiscando produtos locais em terra, edifícios, e assumindo o controle de navios, aviões e ondas elétricas. Tal legislação solapa a Constituição.[32]

A nova postura agressiva do "Tratado de Segurança Japão-Estados Unidos" é justificada em nome das necessidades de defesa do Japão. Na verdade, entretanto, a "Defesa Comum" alegada no Relatório de Legitimação (citado na nota 31) nada tem que ver com a "defesa do Japão" contra um agressor fictício, mas tudo que ver com a proteção e o progresso dos interesses imperialistas dos Estados Unidos.

Os Estados Unidos usam suas bases no Japão, inclusive as de Okinawa, para realizar intervenções militares em situações politicamente instáveis nos países do Sudeste da Ásia, inclusive a Indonésia. Em maio do ano passado, quando caiu o regime de Suharto, unidades das Forças Especiais do Exército dos Estados Unidos retornaram rapidamente para a Estação Americana de Torii na aldeia de Yomitan, Okinawa, passando pela Base de Kadena, em Okinawa. Elas haviam treinado as forças especiais do Exército in-

---

[32] *Akahata*, 1º de novembro de 1999; citado no *Japan Press Weekly*, 6 de novembro de 1999, p. 6-7.

66   *O século XXI – socialismo ou barbárie?*

donésio que reprimiam manifestações no país. O retorno repentino das forças especiais dos Estados Unidos denunciaram a atividade secreta das unidades dos boinas-verdes de Okinawa na Indonésia.[33]

A forma pela qual se impõem essas perigosas políticas e práticas aos países, cujos governos "democráticos" se submetem mansamente às ordens dos Estados Unidos, fala por si só. As mudanças em geral não são discutidas nos respectivos parlamentos, que são contornados por meio de protocolos e tratados secretos. E, no mesmo espírito de cínica evasão, quando, por qualquer razão, eles aparecem na agenda parlamentar, tramitam como um trator, desprezando toda oposição da maneira mais autoritária. Os políticos que continuam a espalhar as "sementes-dragão" parecem não se lembrar do perigo representado pelos dragões reais que no devido tempo aparecem no palco da história. Também não parecem entender ou admitir que a chama devastadora dos dragões nucleares não pode ser confinada a um único local – o Oriente Médio ou o Extremo Oriente, por exemplo –, mas atingem todo o planeta, inclusive os Estados Unidos e a Europa.

2.8.

O alvo último da projetada "estratégia americana de ataques preventivos" é naturalmente a China. Ao comentar os ruídos agressivos e as informações vazadas de Washington referentes àquele país logo após o bombardeio da Embaixada chinesa em Belgrado, "o contra-almirante Eugene Carroll, do Centro de Informações de Defesa, um órgão independente de informações, disse:

---

[33] S. Nühara, op. cit. p. 3.

A fase potencialmente fatal do imperialismo   67

Existe aqui uma *demonização da China*. Não tenho certeza de quem a está produzindo, mas os vazamentos são orquestrados para mostrar a China como o *perigo amarelo*.[34]

Inicialmente, o bombardeio da Embaixada chinesa em Belgrado foi apresentado pelos porta-vozes da Otan como um "acidente inevitável, ainda que lamentável". Quando mais tarde se tornou claro que a Embaixada não foi atingida por uma bomba perdida, mas por foguetes vindos de três direções diferentes, e que portanto ela deve ter sido alvejada com todo cuidado, Washington ofereceu uma explicação fabulosa: que a CIA não conseguiu um mapa atualizado de Belgrado, coisa que qualquer um poderia comprar na loja da esquina mais próxima. Mas ainda assim continuou o mistério sobre o que havia de tão importante e legítimo com relação ao alegado alvo previsto que antes havia ocupado o espaço então ocupado pela Embaixada chinesa. Ainda estamos esperando respostas aceitáveis, que obviamente nunca chegarão. Uma explicação racional seria, sob dois aspectos, o fato de a operação ter sido realizada como campo de teste. Primeiro, para testar como o governo chinês reagiria a tais atos de agressão, forçando-o a engolir a humilhação que os acompanhava. E, segundo, talvez mais importante,

---

[34] "Washington Tells China to Back Off or Risk Cold War", *The Daily Telegraph*, 16 de maio de 1999, p. 15. O mesmo artigo informa que "a onda de histórias de espionagem parece ter sido vazada por figuras importantes do Partido Republicano e do Pentágono, que consideram ser do melhor interesse dos Estados Unidos ter um grande inimigo". É claro que Saddam Hussein não é suficientemente grande para atender aos requisitos ideológicos e aos gastos militares crescentes que correspondem no longo prazo ao projeto da agressiva postura imperialista dos Estados Unidos.

68 *O século XXI – socialismo ou barbárie?*

para testar a resposta da opinião pública mundial, que foi absolutamente submissa e complacente.

Os problemas que afetam profundamente as relações entre os Estados Unidos e a China não poderiam ser mais graves. Em certo sentido, eles resultam do fato inconveniente de *"O Estado-Partido ainda não ter encontrado um lugar no mercado livre mundial"*[35]. Quando o imperialismo hegemônico global usa os conceitos de "democracia" e "mercado livre" para se legitimar ideologicamente, qualquer desvio em relação a essa ideologia – apoiada em importante poder militar e econômico – significa um desafio grave. E o que torna o desafio absolutamente intolerável é a perspectiva de desenvolvimentos econômicos desvantajosos para os Estados Unidos, dadas as atuais taxas de expansão, combinadas com o fato de a população chinesa superar em um bilhão de pessoas a dos Estados Unidos. Como afirma o mesmo artigo, refletindo as graves preocupações com os atuais acontecimentos: *"Em 2020, a economia da China seria por si só equivalente a três vezes a americana"*[36]. Não é difícil imaginar o alarme gerado por tais perspectivas nos círculos governantes dos Estados Unidos.

Fiel ao seu papel de apologista, *The Economist* tenta dar um brilho de respeitabilidade à preparação e à prontidão militar para morrer pela causa da "democracia" e pela "liberdade de mercado". No artigo "The New Geopolitics", a revista exige a admissão de montanhas crescentes de cadáveres. Não por parte dos Estados Unidos, naturalmente, mas

---

[35] Jonathan Story, "Time is Running out for the Solution of the Chinese Puzzle", *Sunday Times*, 1º de julho de 1999, p. 25.

[36] Idem, ibidem. O artigo de Jonathan Story é um extrato de seu livro, *The Frontiers of Fortune*, Londres, Financial Times/Prentice Hall, 1999.

A fase potencialmente fatal do imperialismo   69

por parte daqueles a quem a revista denomina de *assistentes locais* dos Estados Unidos. Com uma hipocrisia sem fim, *The Economist* fala do necessário *"comprometimento moral"* das democracias com a guerra, conclamando-as, em nome daquela moral, a aceitar o fato de ser *"a guerra um tempo de morrer e de matar"*.

Ser um devotado "assistente local" dos Estados Unidos é o papel atribuído ao Japão, justificado pela projetada ameaça chinesa. A séria oposição no país à redefinição e perigosa expansão do Tratado de Segurança Japão-Estados Unidos é caracterizada como uma "reação nervosa". Felizmente, a China há de fazer com que o Japão veja a luz e passe a colaborar com decisão. Pois "uma China em expansão significa um Japão apreensivo, pronto a agarrar-se à sua aliança com os Estados Unidos". O mesmo papel de assistente devotado é atribuído à Turquia, e também, expressando as esperanças do *The Economist*, à Índia, com o argumento de

> ser necessário recrutar o apoio dos exércitos de países aliados cujos povos admitem que seus soldados façam o *trabalho corpo a corpo* [ou seja, morrer]; é esta a razão da grande importância da Turquia para a aliança,[37] e a razão pela qual algum dia poderia ser uma boa ideia pedir a ajuda da Índia.

---

[37] A importância da Turquia como "assistente local" dos Estados Unidos foi enfaticamente exposta nesta primavera com a ignominiosa entrega de Ocalan, líder do PKK curdo, ao governo de Ankara, sob grande pressão dos Estados Unidos, humilhando vários "assistentes locais" europeus envolvidos no incidente. Ver Luigi Vinci, *La socialdemocrazia e la sinistra antagonista in Europa*, Milão, Punto Rosso, 1999, p. 13. Ver também Fausto Bertinotti, *Per una società alternativa: Intervista sulla politica, sul partito e sulle culture critiche*, entrevistado por Giorgio Riolo, Milão, Punto Rosso, 1999, p. 30-1.

70   *O século XXI* – socialismo ou barbárie?

Nessa conjuntura, a Rússia deverá também ocupar um lugar ativamente pró-americano, em razão de sua inevitável oposição projetada à China.

Preocupada com a vulnerabilidade de seus territórios orientais, a Rússia talvez opte afinal por introduzir um pouco mais de substância na sua Parceria pela Paz com a Otan.

A caracterização dos países como "apreensivos" e "preocupados" – se não hoje, quem sabe amanhã – se deve aos conflitos esperados com a "estrela gigante que surge no leste", a China. Na "nova geopolítica", a China é apresentada como o denominador comum de todos os problemas, e, simultaneamente, como a solução para agregar todos os "preocupados" e "nervosos" numa "Aliança pela Democracia" e numa "Parceria pela Paz", que talvez "atraísse até mesmo a Índia democrática [tradicionalmente um país não alinhado] para uma versão sul-asiática desta questão[38] sob a liderança dos Estados Unidos. Mas ninguém afirma que viveremos felizes para sempre, nem mesmo que continuaremos vivos.

Naturalmente, essa espécie de "doutrina" inspirada por Washington não se limita ao *The Economist* de Londres. Já havia sido encontrada no Extremo Oriente, onde o primeiro-ministro australiano, John Howard, apresentou a "Doutrina Howard" que trata de como seu próprio país poderá cumprir o papel de fiel "assistente local". Para consternação da opinião política do Sudeste da Ásia, ele declarou que a "Austrália deverá agir como o subdelegado

---

[38] Todas as citações deste parágrafo são de "The New Geopolitics", *The Economist*, 31 de julho de 1999, p. 15-6.

dos Estados Unidos encarregado da manutenção da paz na região"[39]. O líder da oposição da Malásia, Lim Kit Siang, respondeu a essa ideia dizendo que

> o Sr. Howard havia feito mais que qualquer outro primeiro-ministro australiano anterior para prejudicar as relações da Austrália com a Ásia desde que se aboliu a política da Austrália Branca na década de 1960.[40]

Mas foi o acadêmico indonésio, formado nos Estados Unidos, Hadi Soesastro, que acertou na mosca ao dizer que "o subdelegado sempre é aquele a ser morto"[41]. De fato, é precisamente esse o papel dos "assistentes locais" dos Estados Unidos: matar e ser morto pela causa que lhes foi determinada de cima.

Marx escreveu em *O Dezoito Brumário de Luís Bonaparte* que os acontecimentos históricos sempre aparecem duas vezes de formas contraditórias: primeiro, como uma *tragédia* (napoleônica), e mais tarde como a *farsa* de *Napoléon le petit*. O papel atribuído ao Japão na recente revisão do Tratado de Segurança Japão-Estados Unidos só poderia gerar uma grande tragédia no Sudeste da Ásia, e uma devastação igualmente trágica do próprio Japão. E quanto à "Doutrina Howard", o papel de "subdelegado dos Estados Unidos" nela proclamado só pode ser descrito como a comédia que chega correndo ansiosa antes da tragédia.

---

[39] David Watts, "Howard's Sheriff Role Angers Asians", *The Times*, 27 de setembro de 1999, p. 14.

[40] Ibidem.

[41] Ibidem.

72   *O século XXI* – socialismo ou barbárie?

2.9.

A história do imperialismo mostra três fases distintas:

1. *O primeiro imperialismo colonial moderno construtor de impérios*, criado pela expansão de alguns países europeus em algumas partes facilmente penetráveis do mundo;

2. *Imperialismo "redistributivista" antagonisticamente contestado pelas principais potências em favor de suas empresas quase monopolistas*, chamado por Lênin de "estágio supremo do capitalismo", que envolvia um pequeno número de contendores, e alguns pequenos sobreviventes do passado, agarrados aos restos da antiga riqueza que chegou ao fim logo após o final da Segunda Guerra Mundial; e

3. *Imperialismo global hegemônico*, em que os Estados Unidos são a força dominante, prenunciado pela versão de Roosevelt da "Política de Porta Aberta", com sua fingida igualdade democrática, que se tornou bem pronunciada com a eclosão da crise estrutural do sistema do capital – apesar de ter se consolidado pouco depois do final da Segunda Guerra Mundial – que trouxe o imperativo de constituir uma estrutura de comando abrangente do capital sob um "governo global" presidido pelo país globalmente dominante.

Os que tiveram a ilusão de que o "neocolonialismo" do pós-guerra havia criado um sistema estável, em que a dominação política e militar havia sido substituída pela dominação econômica direta, tenderam a atribuir um peso excessivo à permanência do poder dos antigos senhores imperialistas depois da dissolução formal de seus impérios, subestimando ao mesmo tempo as aspirações exclusivistas de dominação hegemônica global dos Estados Unidos e as causas que lhes davam sustentação. Imaginavam que ao fundar "Institutos de Estudos para o Desenvolvimento" – com o propósito de "completar a educação" das elites políticas e administrativas pós-coloniais de suas possessões anteriores, induzindo-as a

A fase potencialmente fatal do imperialismo   73

adotar as recém-promovidas teorias e políticas de "modernização" e "desenvolvimento" –, as antigas metrópoles coloniais poderiam garantir a continuidade substantiva de seu antigo sistema. O que deu fim a tais ilusões foi não apenas o poder de penetração esmagadoramente maior das empresas norte-americanas (fortemente apoiadas pelo governo dos Estados Unidos), mas, ainda mais significativo, o completo colapso da "política de modernização" por toda parte, como discutido acima.

Mas o fato de ter sido tão bem-sucedido, e de ainda continuar dominante, não significa que o imperialismo hegemônico dos Estados Unidos possa ser considerado estável, muito menos permanente. O sonhado "governo global", sob a administração dos Estados Unidos, continua sendo um sonho propagandístico, assim como o foi a "Aliança para o Progresso" e a "Parceria para a Paz", projetadas – numa época de colisões militares e de explosões sociais cada vez mais frequentes – como a fundação firme da mais nova versão da "Nova Ordem Mundial". Já vimos esse filme, quando – depois da implosão do sistema soviético – essa visão

> encontrou apoio nos Estados Unidos, então ansiosos para manter em atividade o mecanismo gerador do capitalismo ao final da Guerra Fria. Associações seletivas com importantes Estados considerados "mercados emergentes" ofereciam uma alternativa de política externa para substituir a então moribunda estratégia de contenção. Essa política imaginava os Estados Unidos no topo de um "Mundo Único" que se movia em direção à prosperidade comum, à democracia e a melhores condições de vida para todos. As empresas ocidentais derramariam novas tecnologias nas regiões mais pobres do mundo, onde a mão de obra era abundante, barata e talentosa. Mercados financeiros globais, já livres do rígido controle político, ofereceriam o capital.

74   *O século XXI* – socialismo ou barbárie?

No espaço de um par de décadas despontaria um enorme mercado consumidor transnacional.[42]

Bem mais de dez anos se passaram desde o que foi prescrito há um par de décadas, e nossas condições estão hoje muito piores do que em qualquer outra época anterior, mesmo num país de capitalismo avançado como a Grã-Bretanha, onde – de acordo com as estatísticas mais recentes – *uma em cada três crianças* vive abaixo da linha de pobreza, e seu número *se multiplicou por três* ao longo dos últimos vinte anos. E que ninguém tenha ilusões sobre os efeitos da crise estrutural do capital até mesmo no país mais rico, os Estados Unidos, pois também lá as condições se deterioraram muito ao longo das duas últimas décadas. De acordo com um relatório recente do Escritório de Orçamento do Congresso – e ninguém pode acusar esse escritório de "tendência esquerdista" –, o *1% mais rico* da população ganha tanto quanto os *cem milhões mais pobres* (ou seja, quase *40%*). E, significativamente, esse número assustador *dobrou desde 1977*, quando a renda do 1% mais rico era equivalente a "somente" *49 milhões* dos mais pobres, ou seja, menos de 20% da população[43].

Quanto ao resto das projeções otimistas citadas anteriormente, já não nos oferece a miragem de um "enorme mercado transnacional" a trazer a "prosperidade para todos", inclusive aos povos do leste. O primeiro-ministro da China, Zhu Rongji, é hoje louvado pelas "tentativas ousadas de reforma do setor estatal, que significam *desemprego para milhões de operários chineses*"[44]. Quantos milhões de outros

---

[42]   Jonathan Story, op. cit., p. 33.

[43]   Ver David Cay Johnston, "Gap Between Rich and Poor Found Substantially Wider", *The New York Times*, 5 de setembro de 1999.

[44]   "Worried in Beijing", *The Economist*, 7 de agosto de 1999, p. 14.

A fase potencialmente fatal do imperialismo　75

trabalhadores – quem sabe centenas de milhões – deverão perder o emprego antes que se possa afirmar que a China se qualificou para ocupar "um lugar no livre mercado mundial"? Por enquanto o editorial do *The Economist* se limita a expressar sua esperança, prognosticar a certeza de que o sistema chinês será derrubado de dentro para fora[45], e projetar em outros artigos uma solução militar externa, como já vimos. Comum às duas abordagens é a total ausência de senso de realidade. Pois ainda que o sistema chinês pudesse ser derrubado hoje ou amanhã, isso não impediria absolutamente o completo fracasso das confiantes expectativas outrora associadas aos "mercados emergentes" e seu projetado impacto "na manutenção da atividade do mecanismo gerador do capitalismo no final da Guerra Fria".

Enquanto isso, continua a intensificação das contradições e dos antagonismos associados a causas irremovíveis. Sob o comando do capital, *estruturalmente* incapaz de dar solução às suas contradições – e daí a maneira como ele *adia* o "momento da verdade" até que as pressões econômicas resultem em algum tipo de explosão –, existe uma tendência à representação equivocada do tempo histórico, tanto em direção ao passado quanto ao futuro, no interesse da eternização do presente. A leitura tendenciosa do passado resulta do imperativo ideológico de representar erroneamente o presente como a moldura estrutural necessária de toda mudança possível. Pois é precisamente em razão da necessidade de se projetar o presente estabelecido no futuro indefinido que o passado deve também ser imaginado – na forma de um *dejà vu* – como o domínio da presença eterna do sistema sob roupagens diferentes, de modo a remover as

---

[45] Ibidem. A imprescindível derrubada da China foi prognosticada diversas vezes nesse insignificante – menos de uma página – editorial.

76   O *século XXI* – socialismo ou barbárie?

determinações históricas reais e as limitações temporais do presente.

O resultado dos perversos interesses que estão na raiz da relação do capital com o tempo é ser ele incapaz de uma *perspectiva de longo prazo*, e de um senso de *urgência* mesmo na iminência de uma explosão. As empresas são orientadas a realizar as projeções concebidas na mais míope das escalas de tempo, e a avaliar seu sucesso na mesma escala. É por isso que os intelectuais que adotam o ponto de vista do capital gostam de argumentar que tudo o que funcionou no passado – encapsulado no método idealizado de "fazer um pouco de cada vez" – há de funcionar também no futuro. É uma falácia perigosa, dada a pressão crescente de nossas contradições, pois o tempo não está do nosso lado. Para realizar um alinhamento feliz de todos os países "nervosos" e "preocupados" com as estratégias dos Estados Unidos, na melhor das hipóteses, o *The Economist* comete uma projeção arbitrária do presente no futuro, para não dizer uma representação absolutamente errada das realidades do presente para que elas se ajustem ao futuro desejosamente antecipado. Pois até mesmo as contradições atuais entre os Estados Unidos e o Japão, bem como as que existem entre a Rússia e os Estados Unidos, são muito maiores que a capacidade de absorção do atual esquema de coisas, para não mencionar seus desdobramentos no futuro. Não se podem também ignorar os conflitos objetivos de interesse entre a Índia e os Estados Unidos para vê-los numa harmonia perfeita em razão do "desassossego" da primeira em relação à China.

Ademais, nem mesmo a aparente harmonia predominante entre os Estados Unidos e a "União Europeia", no âmbito da Otan, deve persistir no futuro, dados os sinais claros de conflitos "interimperialistas" tanto no interior da

A fase potencialmente fatal do imperialismo   77

União Europeia como entre os Estados Unidos e a União Europeia[46]. Por vezes, até mesmo o *The Economist* trai sua preocupação de que nem tudo está correndo como esperado nas relações ocidentais carregadas de conflitos, ao insistir que ninguém deveria pensar em desafiar o domínio dos Estados Unidos. Como foi dito num editorial:

> Mesmo os motivos de uma política externa comum variam. Alguns a desejam como expressão da vontade comum da Europa; outros, como rivais ou com restrição dos Estados Unidos. Se ela se transformar em nada além de uma forma de antinorte-americanismo, será um desastre. Para o futuro previsível, a Otan, preferivelmente em sincronia com a ONU, será o elemento aglutinador da segurança ocidental. Os Estados Unidos ainda deverão assumir a responsabilidade de tratar com a maioria das zonas de perigo do mundo. Mas em regiões próximas como os Bálcãs, os Estados Unidos prefeririam transferir essa responsabilidade para a Europa. E mesmo em áreas como o Oriente Médio ou a Rússia, a Europa deve ser capaz de cumprir um papel complementar ao dos Estados Unidos. A Europa pode e deve exercer uma influência maior no mundo, mas não há de ser uma superpotência ainda por muitos anos.[47]

A frase vazia "a Europa pode e deve exercer uma influência maior no mundo" (qual? e onde?) é ofertada como um "prêmio de consolação", de forma a legitimar aos olhos dos ingênuos a supremacia absoluta dos Estados Unidos, alardeada pelo *The Economist*. Mas, na verdade, não se tra-

---

[46] Ver a discussão preocupante dessas questões no volume de Luigi Vinci citado na nota 37 deste Capítulo, em particular, p. 60-6.

[47] "Superpower Europe", *The Economist*, 17 de julho de 1999, p. 14.

78   *O século XXI – socialismo ou barbárie?*

ta de saber em quanto tempo a Europa vai se transformar numa superpotência com poder militar equivalente ao dos Estados Unidos, mas de que forma e com qual intensidade deverão irromper os antagonismos interimperialistas num futuro que não está tão distante.

De fato, a administração dos Estados Unidos já está preocupada com as perspectivas de evolução dos acontecimentos na Europa.

> Strobe Talbot, vice-secretário de Estado, disse que a última coisa que Washington desejava ver era uma identidade europeia (defensiva) "que começa na Otan, mas se autonomiza fora e se afasta da Otan". O risco, disse ele num seminário no Royal Institute of International Affairs, é o de uma "estrutura de defesa da União Europeia que primeiro duplique a aliança e em seguida rivalize com ela". As palavras de Mr. Talbot [...] se referem também à ambiguidade essencial americana perante uma maior unidade europeia: isso é muito bom, *desde que não coloque em risco a preeminência global dos Estados Unidos.*[48]

Assim, o Departamento de Estado norte-americano não perde a oportunidade de deixar clara a sua determinação de manter o resto do mundo subserviente às exigências de sua *"preeminência global"*. Naturalmente, o mais subserviente de todos os governos ocidentais, o britânico, se apressou em aquiescer e reafirmar seu apoio no mesmo seminário do Royal Institute of International Affairs.

> Para aplacar as preocupações americanas, Lord Robertson, que está deixando o cargo de Secretário de Estado para

---

[48]   Rupert Cornwell, "Europe Warned not to Weaken NATO". *The Independent*, 8 de outubro de 1999, p. 18.

a Defesa para assumir na próxima semana o posto das mãos de Xavier Solana na Otan, declarou que a aliança atlântica continua sendo a peça básica da política britânica de defesa.[49]

É possível que assim seja, desde que o papel de "cavalo de Troia" atribuído pelos Estados Unidos ao governo britânico continue sem contestação. Mas tais reafirmações nada mais são que "assobios no escuro" que não trazem tranquilidade com relação às contradições objetivas de interesse existentes entre as potências ocidentais, que deverão se intensificar no futuro, por mais que o Departamento de Estado norte-americano não se canse de lembrar à União Europeia quem rege a música, ainda que se recuse a pagar por isso.

---

[49] Ibidem.

3

OS DESAFIOS HISTÓRICOS DIANTE DO MOVIMENTO SOCIALISTA

3.1.

Como já vimos antes, o movimento anti-imperialista dos Estados Unidos na virada do século XIX para o XX fracassou por causa da "conciliação entre o movimento operário e os trustes e do apoio que aquele ofereceu à política externa destes". A conclusão a que chegou, em 1902, o antigo sócio de Lincoln, George S. Boutwell, de que "o esforço final de salvação da república deve ser feito pelas classes trabalhadoras e produtoras", soa profética até hoje, pois as condições de sucesso continuam as mesmas, e somente "as classes trabalhadoras e produtoras" norte-americanas têm capacidade de pôr um fim ao impulso destrutivo do imperialismo hegemônico global. Nenhuma potência militar ou política na Terra seria capaz de realizar de *fora* o que só pode ser feito de *dentro* por um movimento que ofereça uma alternativa positiva para a ordem existente nos Estados Unidos.

Naturalmente, isso não quer dizer que possamos todos descansar e esperar até que se complete a ação necessária, porque isoladamente ela nunca se completará. Os problemas e as contradições são tão intrincadamente entrelaçados que

82 *O século XXI* – socialismo ou barbárie?

sua solução exija mudanças profundas também em outras partes do mundo. As causas mais profundas de contradições tão explosivas devem ser atacadas em todos os lugares, com iniciativa verdadeiramente internacional, cujos elementos particulares se ocupem de sua própria parcela na rede de contradições selvagens do capital, em solidariedade às "classes trabalhadoras e produtoras", nos Estados Unidos e em outras partes do mundo. A conciliação entre o "movimento operário americano e os trustes, e o apoio daqueles à política externa destes" no início do século XX[1] deveram-se, de um lado, à existência de espaço para a expansão imperialista e, portanto, para o deslocamento das contradições do capital; e, do lado do trabalho, à ausência das condições objetivas e subjetivas[2] para uma *alternativa hegemônica viável* ao modo de

---

[1] Para uma história esclarecedora e atualizada do movimento operário norte-americano, ver Paul Buhle, *Taking Care of Business: Samuel Gompers, George Meany, Lane Kirkland, and the Tragedy of American Labor*, Nova York, Monthly Review Press, particularmente p. 17-90 e 204-63. Um livro muito informativo sobre o papel estratégico do trabalho sindicalizado de hoje é *Why Unions Matter?*, de Michael D. Yates, Nova York, Monthly Review Press, 1998.

[2] É certo que o reconhecimento da existência de condições objetivas desfavoráveis não pode representar uma justificativa geral das contradições geralmente autoimpostas do "lado subjetivo". Michael Yates enfatiza, com toda razão, o impacto e a responsabilidade históricos dos indivíduos que estavam em posição de tomar decisões como protagonistas do movimento operário americano. Em recente artigo, ele afirma que "Gompers não precisava ter traído e denunciado à polícia o IWW [Industrial Workers of the World/Trabalhadores da Indústria Mundial] e a liderança socialista, mas a liderança socialista não precisava ter-se aliado a Gompers e se tornado tão agressivamente conservadora quanto ele. Gompers e seus seguidores não precisavam ter-se comprometido com o imperialismo dos Estados Unidos e solapado os movimentos operários progressistas por todo o mundo, recebendo dinheiro da CIA no instante mesmo

Os desafios históricos diante do movimento socialista   83

controle da reprodução societal pelo capital. Essa alternativa é inconcebível sem uma solidariedade internacional dirigida para a criação de uma ordem de igualdade substantiva.

Não é necessário ser um socialista militante para perceber os perigos que nos esperam. É relevante lembrar, nesse contexto, o alarme causado por Joseph Rotblat, Prêmio Nobel de 1997, a respeito da orientação para o lucro das atividades de pesquisa nas áreas de biotecnologia e clonagem. Como sabemos, sob as leis do capital, essas atividades – tolhidas pelos imperativos expansionistas do sistema, quaisquer que sejam as consequências humanas e ecológicas – representam uma nova dimensão do potencial de autodestruição da humanidade. Essa nova dimensão se acrescenta ao arsenal já existente de armas nucleares, químicas e biológicas, cada uma delas capaz de nos infligir muitas vezes um holocausto universal.

Tal como Joseph Rotblat, um destacado cientista liberal que teve grande importância no movimento de protesto que evitou a eleição de Margaret Thatcher para a Chancelaria da Universidade de Oxford, suscitou a questão do perigo da incontrolabilidade e do potencial de autodes-

---

em que essa agência da morte apoiava a prisão e o assassinato de líderes sindicais em todo o mundo. Os líderes da CIO [Congress of Industrial Organizations/Congresso das Organizações Industriais] não precisavam ter participado da caça às bruxas, que tornou aquela organização virtualmente indistinguível da AFL [American Federation of Labor/Federação Norte-Americana do Trabalho] quando da fusão das duas em 1955. Mas os comunistas também não precisavam ter insistido para que o governo prendesse os trotskistas nem obedecido como escravos as diretivas de Stálin. Tudo isso não significa que as ações de alguns radicais e as de Gompers e outros estejam no mesmo plano, quer dizer apenas que os radicais também fizeram sua própria história". Michael D. Yates, "The Road Not Taken", *Monthly Review*, vol. 51, nº 6, novembro de 1999, p. 40.

84 *O século XXI* – socialismo ou barbárie?

truição humana, como problema de grande urgência, com relação à forma em que é produzido e utilizado o conhecimento científico em geral na nossa ordem social. Num recente artigo sobre a integridade acadêmica, ele escreveu:

> As estruturas da sociedade – sociais, políticas e religiosas – estão rangendo pesadamente sob o peso da nossa incapacidade de absorver o que sabemos em sistemas éticos e sociais amplamente aceitos. O problema é urgente. [...] Um dos resultados possíveis é, naturalmente, uma fuga para várias formas de fundamentalismo, o que certamente representaria uma grave ameaça à integridade acadêmica. A alternativa é reconhecer que existe a obrigação, por parte dos criadores desse estoque de conhecimento, de imaginar meios para *desarmar sua capacidade de nos destruir.*[3]

Não se pode exagerar a responsabilidade social dos cientistas de lutar contra tais perigos. De fato, os melhores cientistas participaram dessa iniciativa no século XX. Einstein, por exemplo, lutou durante muitos anos contra a militarização da ciência e em favor da causa vital do desarmamento nuclear. Numa mensagem em que propunha um Congresso Nacional de Cientistas – que, na verdade, em razão de pesadas interferências jamais conseguiu se reunir –, Einstein afirmou:

> Estou sinceramente feliz de a grande maioria dos cientistas ser totalmente consciente de suas responsabilidades como intelectuais e cidadãos do mundo; e por não terem eles sido vítimas da histeria generalizada que ameaça nosso futuro e o de nossos filhos. É apavorante perceber que

---

[3] Denis Noble, "Academic Integrity" em Alan Montefiore; David Vines (orgs.), *Integrity in the Public and Private Domains*, Londres/Nova York, Routledge, 1999, p. 184.

Os desafios históricos diante do movimento socialista 85

o veneno do militarismo e do imperialismo ameaça trazer mudanças indesejáveis à atitude política dos Estados Unidos [...] O que estamos vendo não é uma expressão dos sentimentos do povo norte-americano; pelo contrário, reflete a vontade de uma poderosa minoria que usa sua força econômica para controlar os órgãos da vida política. Se o governo se mantiver nesse curso catastrófico, nós, os cientistas, devemos recusar a submissão às suas exigências imorais, ainda que apoiadas por aparato legal. Existe uma lei não escrita, a da nossa consciência, que é muito mais impositiva que qualquer outra que venha a ser inventada em Washington. E, naturalmente, existem armas definitivas, à nossa disposição: a não cooperação e a greve.[4]

O cancelamento dessa reunião fundamental, programada para os dias 10 a 12 de janeiro de 1946, demonstrou imediatamente que a crença declarada de Einstein na responsabilidade social conscientemente aceita da grande maioria dos cientistas foi um grande desapontamento. Ainda assim ele continuou a luta até sua morte, desafiando ameaças de denúncias públicas. Ele sabia muito bem que "somente pela ação revolucionária os homens libertar-se-iam do jugo intolerável, congelado em lei"[5], e insistiu em que

atos, e não palavras, são necessários: simples palavras não levam os pacifistas a lugar algum. É preciso iniciar a ação e começar pelo que for possível conquistar agora.[6]

---

[4] Otto Nathan e Heinz Norden (orgs.), *Einstein on Peace*. Nova York, Schocken Books, 1960, p. 343. A mensagem de Einstein só foi publicada postumamente.

[5] Ibidem, p. 107.

[6] Ibidem, p. 116.

86   *O século XXI* – socialismo ou barbárie?

Apesar de seu imenso prestígio e acesso sem paralelo aos chefes de governo e aos meios de comunicação, no final Einstein estava completamente isolado e derrotado pelos apologistas do crescente complexo militar-industrial, que chegaram mesmo a pedir que fosse levado a julgamento[7] e expulso dos Estados Unidos, trovejando no Congresso que "esse agitador estrangeiro gostaria de nos lançar a uma outra guerra na Europa para facilitar o avanço do comunismo por todo o mundo"[8].

Assim, nem mesmo o protesto do cientista de maior preocupação social e de maior consciência política do século passou de um "grito no deserto". Pois não foi amplificado por um *movimento de massa* capaz de, por sua própria visão alternativa viável de como ordenar os interesses sociais, enfrentar e desarmar as forças destrutivas fortemente entrincheiradas. Uma alternativa também foi imaginada por Boutwell que insistiu que "o esforço final de salvação da república" – contra as grandes empresas construtoras de impérios e seu Estado – "deverá ser feito pelas classes trabalhadoras e produtoras". Boutwell proferiu essas palavras há um século, e sua verdade não cessou de crescer a partir de então. Pois os perigos aumentaram enormemente para toda a humanidade, não apenas em relação a 1902, ocasião da fala de Boutwell, mas mesmo em comparação com a época de Einstein. Os megatons do arsenal nuclear que preocupavam Einstein não somente se multiplicaram desde sua morte, mas também proliferaram, apesar de toda a conversa

---

[7]   Ibidem, p. 344.

[8]   Citado em Ronald W. Clark, *Einstein: The Life and Times*, Londres, Hodder and Stoughton, 1973, p. 552. O congressista citado, que lançou essa violenta denúncia contra Einstein na Câmara de Representantes, foi o deputado John Rankin, político do Mississippi.

Os desafios históricos diante do movimento socialista 87

mentirosa a respeito do "final da Guerra Fria". A verdade da conjuntura atual nos foi violentamente relembrada há alguns anos quando o presidente Yeltsin tentou justificar o "direito soberano" da pavorosa guerra de seu país contra a Chechênia, avisando ao resto do mundo que a Rússia ainda possuía um arsenal nuclear completo.

Hoje, além da ameaça nuclear da MAD (*Mutually Assured Destruction*/Destruição Mutuamente Assegurada), o conhecimento de como empregar armas químicas e biológicas para extermínio de massa está disponível para todo aquele que não hesitar em usá-las em caso de ameaça ao domínio do capital. E isso não é tudo. A destruição do meio ambiente, a serviço dos interesses cegos do capital, assumiu proporções tais – dramaticamente ilustradas pela terrível calamidade que atingiu, nos últimos dias do século XX, o povo da Venezuela, causada pelo desflorestamento irresponsável e por projetos "especulativos" – que mesmo que amanhã se reverta o processo, seriam necessárias várias décadas para produzir mudanças significativas visando neutralizar a articulação perniciosa, autoimpelida e autossustentada do capital, que deve perseguir sua "racionalidade", expressa em termos imediatamente "econômicos", por meio da *linha de menor resistência*; ademais, implicações potencialmente letais de se brincar com a natureza pelo uso imprudente da "biotecnologia", "clonagem" e pela modificação genética descontrolada de alimentos, sob os ditames de gigantes empresariais gananciosos e de seus governos. Tais implicações representam a abertura de uma nova "caixa de Pandora".

Na atual conjuntura, são esses os perigos claramente evidentes no nosso horizonte; e ninguém sabe quais perigos adicionais para nossos filhos surgirão em razão da incontrolabilidade destrutiva do capital! Contudo, o que está abso-

88   *O século XXI* – socialismo ou barbárie?

lutamente claro à luz da nossa experiência histórica é que somente um movimento de massa genuinamente socialista será capaz de conter e derrotar as forças que hoje empurram a humanidade para o abismo da autodestruição.

3.2.

A constituição urgentemente necessária da alternativa radical ao modo de reprodução do metabolismo social do capital não ocorrerá sem um reexame crítico do passado. É necessário examinar o fracasso da esquerda histórica em concretizar as expectativas otimistas expressas por Marx quando ele postulou, em 1847, a associação sindical e o consequente desenvolvimento político da classe trabalhadora paralelamente ao desenvolvimento industrial dos vários países capitalistas. Como ele expressou:

> o grau de desenvolvimento da associação num país qualquer marca claramente a posição que ele ocupa na hierarquia do mercado mundial. A Inglaterra, cuja indústria atingiu o mais alto grau de desenvolvimento, tem as maiores e mais organizadas associações. Na Inglaterra não se parou nas *unidades parciais* [...] continuaram as lutas políticas dos trabalhadores, que hoje constituem um grande partido político, os Cartistas.[9]

E Marx esperava que esse processo tivesse continuidade de forma que:

---

[9]   Karl Marx, *The Poverty of Philosophy*, em Marx and Engels, *Collected Works*, v. 6. Nova York, International Publishers, 1976, p. 210. [Ed. bras.: *Miséria da filosofia:* resposta à "filosofia da miséria" de Pierre-Joseph Proudhon. Rio de Janeiro, Leitura, 1965].

Os desafios históricos diante do movimento socialista   89

A classe operária, ao longo de seu desenvolvimento, substituirá a velha sociedade civil por uma associação que há de excluir as classes e seus antagonismos, e *deixará de existir o poder político propriamente dito*, pois o poder político é exatamente a expressão oficial do antagonismo na sociedade civil.[10]

Contudo, no desenvolvimento histórico da classe trabalhadora, a parcialidade e a setorialidade não se confinaram às "associações parciais" e aos vários sindicatos que delas surgiram. Já no início, a parcialidade inevitavelmente afetou todos os aspectos do movimento socialista, inclusive sua dimensão política. De fato, tanto isso é verdade que um século e meio mais tarde ela ainda apresenta um problema imenso, que esperamos seja resolvido num futuro não muito distante.

Já no seu início, o movimento operário não conseguiu deixar de ser setorial e parcial. Não era simplesmente uma questão de adotar subjetivamente uma estratégia errada, como geralmente se afirma, mas uma questão de determinações objetivas. Como foi mencionado antes, a "pluralidade de capitais" não pôde e não pode ser superada no quadro da ordem sociometabólica do capital, apesar da tendência inevitável à concentração e à centralização monopolística – e também para o desenvolvimento transnacional, mas precisamente por seu caráter *trans*nacional (e não genuinamente *multi*nacional), necessariamente globalizante. Ao mesmo tempo, a "pluralidade do trabalho" também não pode ser superada no terreno da reprodução sociometabólica do capital, por maior que seja o esforço despendido na tentativa de transformar o trabalho de antagonista estruturalmente inconciliável do capital em seu

---

[10]   Ibidem, p. 212.

90   *O século XXI* – socialismo ou barbárie?

servo obediente; tentativas que variaram desde a absurda e mistificadora propaganda do "capitalismo do povo", baseado na propriedade de ações, até a generalizada extração política direta de sobretrabalho exercida pelas personificações pós-capitalistas do capital que tentaram legitimar-se por meio da alegação espúria de ser a representação dos "verdadeiros interesses" da classe operária.

O caráter fragmentado e parcial do movimento operário combinou-se com sua articulação *defensiva*. O sindicalismo inicial – do qual mais tarde surgiram os partidos políticos – representava uma *centralização da setorialidade* de tendência autoritária e através dela a transferência do poder de decisão das "associações" locais para os centros do sindicalismo e em seguida para os partidos políticos. Assim, já no seu início, todo o movimento sindical foi inevitavelmente *setorial e defensivo*. De fato, devido à lógica interna de desenvolvimento desse movimento, a *centralização da setorialidade* trouxe consigo o *entrincheiramento defensivo* que resultou no abandono dos ataques esporádicos por meio dos quais as combinações locais conseguiam infligir sérios prejuízos aos antagonistas regados pelo capital local. (Os precursores ludditas tentaram fazer o mesmo de forma mais destrutiva e generalizada que, por isso mesmo, logo se tornou inviável.) O entrincheiramento defensivo representou assim um avanço histórico paradoxal, já que, por meio de seus primeiros sindicatos, o trabalho se tornou também o *interlocutor* do capital, sem deixar de ser objetivamente seu antagonista estrutural. Dessa nova generalizada posição defensiva do trabalho resultaram, *sob condições favoráveis*, algumas vantagens para uns poucos setores do operariado. Isso foi possível na medida em que os elementos correspondentes do capital foram capazes de se ajustar nacionalmente – em sintonia com a dinâmica da expansão e acumulação

Os desafios históricos diante do movimento socialista   91

do capital – às exigências que lhes eram encaminhadas pelo movimento operário defensivamente articulado. Um movimento que operava no interior das premissas estruturais do sistema do capital, como interlocutor legalmente constituído e regulado pelo Estado. O desenvolvimento do *Estado de Bem-Estar* foi a última manifestação dessa lógica, que só se tornou viável num número limitado de países. Ele foi limitado tanto pelas *condições favoráveis* de expansão capitalista nos países envolvidos, pré-condição para o surgimento do *Estado de Bem-Estar*, como pela escala de tempo, marcada ao final pela pressão da "direita radical" em torno da completa liquidação desse Estado, nas três últimas décadas, em razão da crise estrutural generalizada do sistema do capital.

Com a constituição dos partidos políticos operários – sob a forma da divisão do movimento em um "braço industrial" (os sindicatos) e um "braço político" (os partidos social-democratas e vanguardistas) –, a defensiva do movimento se arraigou ainda mais, pois os dois tipos de partido se apropriaram do direito exclusivo de tomada de decisão, que já se anunciava na setorialidade centralizada dos próprios movimentos sindicais. Essa defensiva agravou-se ainda mais pelo modo de operação adotado pelos partidos políticos, cujos sucessos relativos implicaram o desvio do movimento sindical de seus objetivos originais. Pois na estrutura parlamentar capitalista, em troca da aceitação da legitimidade dos partidos operários pelo capital, tornou-se absolutamente ilegal usar o braço industrial para fins políticos. Isso significou uma severa restrição à qual os partidos trabalhistas se submeteram, condenando dessa forma o imenso potencial combativo do trabalho produtivo, de base material e politicamente eficaz, à completa impotência. Agir dessa forma era ainda mais problemático, pois o capital, por meio de sua

92   *O século XXI* – socialismo ou barbárie?

supremacia estruturalmente assegurada, continuou sendo uma *força extraparlamentar por excelência* que dominava de fora o parlamento a seu bel-prazer. A situação também não podia ser considerada melhor nos países pós-capitalistas, pois Stálin degradou os sindicatos à condição do que ele denominou de "correias de transmissão" da propaganda oficial, tolhendo qualquer possibilidade de decisão e controle, no aparato político pós-capitalista, por parte da base da classe trabalhadora. É compreensível, portanto, em vista da experiência histórica infeliz com os dois tipos principais de partido político, que não haja esperança de rearticulação radical do movimento socialista sem que se *combine completamente o "braço industrial" do trabalho com seu "braço político"*: o que se fará, de um lado, conferindo poder de decisão política significativa aos sindicatos (incentivando--os assim a ser diretamente políticos), e de fazer os partidos políticos adotarem uma atitude desafiadoramente ativa nos conflitos industriais como antagonistas irredutíveis do capital, assumindo a responsabilidade por sua luta *dentro e fora* do parlamento.

Ao longo de toda a sua história, o movimento operário sempre foi setorial e defensivo. De fato, essas duas características definidoras constituíram um verdadeiro círculo vicioso. O trabalho, na sua pluralidade dividida e em geral divergente, não conseguiu se libertar de suas restrições setoriais paralisantes, na dependência da pluralidade dos capitais, por estar articulado defensivamente como movimento geral; e, vice-versa, ele não foi capaz de superar as graves limitações de sua postura necessariamente defensiva em relação ao capital por ter permanecido setorial na sua articulação industrial e política. Ao mesmo tempo, para estreitar ainda mais o círculo vicioso, o papel defensivo assumido pelo trabalho conferiu uma estranha forma de legitimidade ao modo de controle sociometabólico do capital. Pois, por inércia, a posição defensiva do movimento, explícita ou tacitamente, aceitou tratar a ordem socioeconômica e política estabelecida como estrutura e pré-requisito necessários de tudo o que se poderia considerar "realisticamente viável" dentre as exigências apresentadas, demarcando ao mesmo tempo a única forma legítima de resolver os conflitos que poderiam resultar de reivindicações rivais dos interlocutores. Para júbilo das personificações do capital, isso foi o equivalente a uma espécie de *autocensura*. Representou uma autocensura anestesiante que resultou numa inatividade estratégica que continua ainda hoje a paralisar até mesmo o resquício mais radical da esquerda histórica, sem falar nos seus elementos antes genuinamente reformistas, hoje totalmente domesticados e integrados.

Enquanto a postura defensiva de "interlocutor racional" do capital – cuja racionalidade foi *a priori* definida pelo que pudesse se ajustar às premissas e restrições práticas da ordem dominante – foi capaz de produzir ganhos relativos para os trabalhadores, a autoproclamada *legitimidade* da estrutura política e reguladora geral do capital permaneceu fundamentalmente incontestada. No entanto, uma vez sob pressão de sua crise estrutural, o capital não podia conceder nada de significativo para o seu "interlocutor racional", mas, ao contrário, tinha de retomar as concessões anteriores, atacando sem piedade os fundamentos do estado de bem--estar como também as salvaguardas legais de defesa e proteção do trabalho, por meio de um conjunto de leis antissindicais autoritárias "democraticamente aprovadas". Com isso a ordem política estabelecida perdeu toda a sua legitimidade, expondo também ao mesmo tempo a total inviabilidade da postura defensiva do trabalho.

94   *O século XXI – socialismo ou barbárie?*

A *"crise da política"*, que hoje não pode ser negada nem mesmo pelos piores apologistas do sistema – embora, é claro, se tente confiná-la à esfera da manipulação política e ao seu consenso imoral, no espírito da "terceira via" do *Novo Trabalhismo* –, representa uma profunda crise de legitimidade do modo estabelecido de reprodução sociometabólica e sua estrutura geral de controle político. É o que trouxe consigo a *atualidade histórica da ofensiva socialista*[11], ainda que a procura, por parte do movimento, de sua "linha de menor resistência" continue, por enquanto, a propiciar a manutenção da ordem existente, apesar da perda cada vez mais evidente de sua capacidade de "cumprir o que foi prometido" – até mesmo nos países capitalistas mais avançados –, que foi a base de sua antes amplamente aceita legitimidade. Hoje, o "Novo Trabalhismo", em todas as suas variedades europeias, é o signatário do "cumprimento das promessas" feitas apenas aos interesses mais arraigados do capital, seja no domínio do capital financeiro – cinicamente defendido pelo governo Blair até mesmo contra alguns de seus parceiros europeus – ou em alguns de seus setores industriais e comerciais quase monopolistas. Ao mesmo tempo, para defender o sistema nas margens cada vez mais estreitas de viabilidade reprodutiva do capital, os interesses da classe trabalhadora são totalmente ignorados, facilitando também, sob esse aspecto, os interesses vitais do capital ao manter em vigor toda a legislação autoritária antissindical

---

[11] Ver o capítulo 18 de *Para além do capital*, op. cit., p. 787-860. Uma versão anterior desse capítulo faz parte do estudo intitulado "Il rinnovamento del marxismo e l'attualità storica dell'offensiva socialista", publicado em *Problemi del socialismo* (jornal fundado por Lelio Basso), ano XXIII, janeiro-abril de 1982, p. 5-141.

Os desafios históricos diante do movimento socialista   95

do passado recente[12], e ao apoiar com o poder do Estado a pressão do capital em favor da maciça precarização da força de trabalho, como solução cinicamente mentirosa para o problema do desemprego. É por isso que não se pode remover da agenda histórica a necessidade de uma ofensiva socialista por nenhuma variedade imaginável de acomodação defensiva do trabalho.

Não é surpreendente que sob as atuais condições de crise se ouça o canto de sereia do keynesianismo, visto como o sonhado remédio, apelando para o espírito do velho "consenso expansionista" a serviço do "desenvolvimento". Mas hoje aquele canto soa fraco, vindo através de um longo tubo lá do fundo do túmulo de Keynes. Pois o tipo de consenso cultivado pelas variedades existentes de trabalhismo assimilado tem, na realidade, de tornar palatável a *incapacidade estrutural* de acumulação e expansão dos capitais, em nítido contraste com as condições que tornaram possíveis as políticas keynesianas durante um curto período. Luigi Vinci, figura proeminente do movimento italiano da *Rifondazione*, enfatizou corretamente que hoje a autodefinição adequada e a viabilidade organizacional autônoma das forças radicais socialistas estão "fortemente tolhidas por um keynesianismo de esquerda vago e otimista em que a magia da palavra 'desenvolvimento' ocupa a posição central"[13]. Uma noção de "desenvolvimento" que nem mesmo no auge da expansão

---

[12] De qualquer forma, não se pode esquecer que a legislação antissindical na Inglaterra foi iniciada no governo trabalhista de Harold Wilson, com a proposta legislativa que recebeu o nome de "em lugar da discórdia", na fase inicial da crise estrutural do capital. Continuou durante o curto governo de Edward Heath, e outra vez nos governos trabalhistas de Wilson e Callaghan, dez anos antes de receber um claro "selo neoliberal" no governo de Margaret Thatcher.

[13] Luigi Vinci, op. cit., p. 69.

96   *O século XXI – socialismo ou barbárie?*

keynesiana foi capaz de tornar mais próxima a alternativa socialista, porque sempre aceitou sem contestação as premissas práticas necessárias do capital como estrutura orientadora de sua própria estratégia, sob as firmes restrições internalizadas da "linha de menor resistência".

É preciso também destacar que o keynesianismo é por sua própria natureza *conjuntural*. Como opera no âmbito dos parâmetros estruturais do capital, ele é forçosamente conjuntural, independentemente de as circunstâncias favorecerem uma conjuntura mais longa ou mais curta. O keynesianismo, mesmo a variedade chamada "keynesianismo de esquerda", está necessariamente contido na "lógica *stop-go*" do capital, e por ela é restringido. Mesmo no seu apogeu, o keynesianismo nada representou além da fase "go" de um ciclo de expansão, que mais cedo ou mais tarde chega ao fim, substituído pela fase "stop". Nas suas origens o keynesianismo tentou oferecer uma alternativa à lógica *"stop-go"*, por meio da administração "equilibrada" das duas fases. Mas não foi capaz de completá-la, continuando preso à fase "go", devido à própria natureza de sua estrutura capitalista reguladora orientada pelo Estado. A longa duração da expansão keynesiana – anormal, mas significativamente confinada a um punhado de países capitalistas avançados – se deveu em grande parte às condições favoráveis da reconstrução do pós-guerra e à posição dominante nela assumida pelo complexo industrial-militar maciçamente financiado pelo Estado. Em compensação, o fato de que a fase "stop" de correção e contra-ação à fase "go" ter de assumir a forma dura e dolorosa do "neoliberalismo" (e "monetarismo", conforme sua racionalização ideológica pseudo-objetiva) – já no governo trabalhista de Harold Wilson, presidido monetária e financeiramente por Denis Healey na qualidade de Chanceler do Tesouro –

Os desafios históricos diante do movimento socialista   97

deveu-se ao início da *crise estrutural* (não mais a crise cíclica tradicional) do capital, englobando toda uma época histórica. É o que explica a duração excepcional da fase "stop" neoliberal, agora já muito mais longa que a fase "go" do keynesianismo do pós-guerra. Fase que, ainda sem fim à vista, se vê perpetuada pela atenção igualmente cuidadosa de governos conservadores e trabalhistas. Ou seja, tanto a dureza antissindical quanto a duração assustadora da fase "stop" neoliberal, mais o fato de o neoliberalismo ser praticado por governos que deveriam estar situados de lados opostos do divisor político parlamentar, só podem ser entendidos como manifestações da crise estrutural do capital. A circunstância de a brutal longevidade da fase neoliberal ser racionalizada ideologicamente por alguns teóricos trabalhistas como o "longo ciclo recessivo" do desenvolvimento normal do capitalismo, a ser seguido por um outro "longo ciclo de expansão", acentua apenas a incapacidade do "pensamento estratégico" reformista de entender a natureza das atuais tendências de desenvolvimento. Tanto mais que a selvageria do neoliberalismo continua a avançar sem as contestações de uma esquerda acomodada, e já começam a nos faltar os anos necessários até mesmo para a realização da caprichosa noção do próximo "longo ciclo de expansão", como teorizam os apologistas do capital na esquerda.

Assim, dada a crise estrutural do sistema do capital, mesmo que uma alteração conjuntural fosse capaz de criar durante algum tempo uma tentativa de instituir alguma forma de administração financeira keynesiana do Estado, ela teria forçosamente uma duração muito limitada, devido à ausência das condições materiais que poderiam favorecer sua extensão por um período maior, mesmo nos países capitalistas avançados. Ainda mais importante, esse

98   *O século XXI* – socialismo ou barbárie?

renascimento conjuntural limitado nada poderia oferecer para a realização da alternativa socialista radical. Pois seria impossível construir uma alternativa estratégica viável ao modo de controle do metabolismo social do capital sobre uma modalidade conjuntural interna de administração do sistema; uma forma que depende da expansão e da acumulação saudáveis do capital como pré-condição necessária de seu próprio modo de operação.

3.3.

Como vimos nas páginas anteriores, as limitações setoriais e defensivas do trabalho não foram superadas pela centralização sindical e política do movimento. Esse fracasso histórico é hoje fortemente enfatizado pela globalização transnacional do capital, para a qual o trabalho parece não ter respostas a oferecer.

Deve-se lembrar aqui que, ao longo do último século e meio, *quatro Internacionais* foram fundadas para tentar criar a necessária unidade internacional do movimento. Entretanto, todas elas foram incapazes até mesmo de se aproximar de seus objetivos declarados, muito menos de realizá-los. Não se pode entender este fato simplesmente em termos de traições, que, embora estejam corretos em termos pessoais, representam uma petição de princípio, ignorando as ponderáveis determinações objetivas que não podem ser esquecidas caso se pretenda remediar essa situação no futuro. Pois ainda não se conseguiram explicar as razões *pelas quais* as circunstâncias favoreceram esses desvios e traições durante um período histórico tão longo.

O problema fundamental é que a pluralidade setorial do trabalho está intimamente ligada à pluralidade conflituosa hierarquicamente estruturada dos capitais, tanto no interior de cada país como em escala global. Não fosse por isto,

Os desafios históricos diante do movimento socialista   99

seria muito mais fácil imaginar a constituição bem-sucedida da unidade internacional do trabalho contra o capital unificado ou unificável. Contudo, dada a articulação conflituosa e necessariamente hierárquica do sistema do capital, com sua prioridade interna e internacional inevitavelmente predatória, a unidade global do capital – a qual se poderia contrapor à correspondente unidade global do trabalho – é inviável. O deplorado fato histórico de, nos principais conflitos internacionais, as classes trabalhadoras terem se aliado aos exploradores de seus próprios países, em vez de voltar contra eles suas armas, atendendo aos insistentes convites feitos pelos socialistas, tem sua base material de explicação na relação antagônica de poder a que nos referimos aqui e não podem ser reduzidas à questão da "clareza ideológica". Da mesma forma, os que esperam da unificação do *capital globalizante* e de seu *"governo global"* uma mudança radical desse aspecto – que poderia ser combativamente enfrentada por uma classe trabalhadora internacionalmente unida e dotada de consciência de classe – deverão mais uma vez se desapontar. O capital não vai ajudar nem fazer tamanho "favor" à classe trabalhadora pela simples razão de que é incapaz de fazê-lo.

A articulação hierárquica e conflituosa do capital permanece como o princípio estruturador geral do sistema, não importando o seu tamanho, nem o gigantismo de suas unidades constituintes. Isto se deve à natureza íntima do processo de tomada de decisão do sistema. Dado o inconciliável antagonismo estrutural entre capital e trabalho, este último é categoricamente excluído de toda tomada de decisão significativa. E é forçoso que seja assim, não apenas no nível mais abrangente, mas até mesmo em seu "microcosmo", em cada unidade produtiva. Pois o capital, como poder de decisão alienado, seria incapaz de funcionar sem tornar suas

100   *O século XXI* – socialismo ou barbárie?

decisões absolutamente inquestionáveis (pela força de trabalho) nos locais de trabalho, nem (por complexos produtores rivais no próprio país) no nível intermediário, nem mesmo numa escala mais abrangente (pelo pessoal de comando encarregado das unidades internacionais competidoras). Esta é a razão por que o modo de tomada de decisão – em todas as variedades conhecidas e viáveis do sistema do capital – é sempre uma forma autoritária, de cima para baixo, de administrar as várias empresas. É compreensível, portanto, que toda a conversa sobre "divisão de poder" com os trabalhadores, ou de "participação" deles nos processos de decisão do capital pertence ao reino da pura ficção, ou de uma camuflagem cínica do real estado de coisas.

Essa incapacidade estruturalmente determinada de dividir o poder explica por que a ampla variedade de evoluções monopolistas ocorridas no século XX assumiu a forma de *"integrações forçadas" (take-overs)* – fossem elas hostis ou não hostis (hoje ubíquas numa escala assustadora), mas invariavelmente tomadas de controle em que uma das partes envolvidas sobressai, mesmo quando a racionalização ideológica do processo seja representada enganosamente como um "casamento feliz de iguais". A mesma incapacidade explica, de forma particularmente significativa em nossos dias, o fato importante de ter a atual globalização do capital produzido e ainda continuar a produzir gigantescas empresas *trans*nacionais, mas não *multi*nacionais, apesar da enorme conveniência ideológica destas últimas. Não há dúvida de que o futuro mostrará tentativas de corrigir essa situação por meio da criação e da operação de companhias propriamente multinacionais. Mas, mesmo que isso venha a ocorrer, o problema subjacente deverá persistir. Pois as "gestões codivididas" das multinacionais genuínas só seriam viáveis na *ausência de conflitos significativos de interesse* entre os membros nacionais particulares das multinacionais em questão. Uma vez que surjam tais conflitos, os "acordos harmoniosos e colaborativos" de antes se tornarão insustentáveis, e o processo geral reverterá à variedade conhecida de tomada de decisão autoritária de cima para baixo, sob o peso esmagador do membro mais forte. Pois esse problema é inseparável da relação dos capitais nacionais com sua *própria força de trabalho*, que há de continuar sempre estruturalmente conflituosa e antagonística.

Assim, numa situação de conflito grave, nenhum capital nacional particular pode se dar o luxo de perder uma posição de vantagem em razão de decisões tomadas em favor de uma força de trabalho nacional adversária e, por implicação, de seu adversário capitalista de outra nação. O projetado "governo global" sob a lei do capital só se tornaria viável se fosse possível encontrar uma solução para este problema. Mas nenhum governo, e muito menos um "governo mundial", será viável sem uma base material bem estabelecida e eficiente. A ideia de um governo mundial viável implicaria, como base material necessária, que se eliminassem da constituição global do sistema do capital todos os antagonismos materiais significativos, e a consequente administração harmoniosa da reprodução do metabolismo social por *um* monopólio global incontestado, que abrangeria *todas as facetas* da reprodução social com a alegre cooperação da força de trabalho global – uma verdadeira contradição em termos; ou que um único país imperialista hegemônico governasse todo o mundo permanente e autoritariamente e, sempre que necessário, violentamente, uma forma também insustentável e absurda de governar a ordem mundial. Só um modo de reprodução do metabolismo social autenticamente socialista é capaz de oferecer uma alternativa genuína para essas assustadoras soluções.

102   *O século XXI* – socialismo ou barbárie?

Outra determinação objetiva vital a ser enfrentada, por mais desagradável que possa parecer, refere-se à natureza da esfera política e aos partidos nela contidos, pois a centralização da setorialidade do trabalho – questão que seus partidos deveriam resolver – deveu-se em grande parte ao modo necessário de operação dos próprios partidos políticos, em oposição inevitável ao seu adversário *político* dentro do estado capitalista representado pela estrutura geral de comando político do capital. Dessa forma, todos os partidos políticos operários, inclusive o leninista, tiveram de buscar uma dimensão política abrangente para poder espelhar em seu próprio modo de articulação a estrutura política subjacente (o estado capitalista burocratizado) a que estavam sujeitos. Problemático em tudo isso era o fato de o espelhamento do princípio de estruturação política do adversário, politicamente necessário e bem-sucedido, não permitir a visão prática de uma forma *alternativa* de controle do sistema. Os partidos políticos operários não foram capazes de elaborar uma alternativa viável por estarem, dada a sua função de negação, centrados exclusivamente na *dimensão política* do adversário, permanecendo portanto absolutamente dependentes do seu objeto de negação.

A dimensão vital ausente, que os partidos políticos não podem suprir, é o capital, não como *comando político* (esse aspecto foi sem dúvida abordado), mas como *regulador do metabolismo social do processo de reprodução material* que basicamente determina não somente a dimensão política, mas também muitas outras coisas além dela. Essa correlação única no sistema do capital, entre as dimensões política e reprodutiva material, é o que explica por que, em tempos de crises socioeconômicas e políticas graves, vemos movimentos periódicos de articulações parlamentares democráticas da política, em suas formas mais extremas e autoritárias.

Isso quando os processos do metabolismo social em agitação exigem e permitem tais variações, para retornar, no devido tempo, ao quadro político regulado pelas regras democráticas formais de oposição, agora no terreno metabólico social recém-reconstituído e consolidado do capital.

Como controla *realmente* todos os aspectos vitais do metabolismo social, o capital é capaz de definir separadamente a esfera constituída da legitimação política como uma questão estritamente *formal*, excluindo *a priori* a possibilidade de qualquer contestação legítima em sua esfera *substantiva* de operação reprodutiva socioeconômica. Para se ajustar a tais determinações, o trabalho, como antagonista do capital realmente existente, é obrigado a se condenar à permanente impotência. Sob esse aspecto, a experiência histórica pós-capitalista é um relato triste e premonitório, pelos erros nos diagnósticos dos problemas fundamentais da ordem social negada, e consequentes erros das tentativas de solução.

O sistema do capital é formado por componentes inevitavelmente *centrífugos* (conflitantes e antagônicos), complementados sob o capitalismo pelo poder absoluto da "mão invisível" e pelas funções legais e políticas do Estado moderno, que compõem a sua dimensão *coesiva*. O fracasso das sociedades pós-capitalistas foi terem tentado equilibrar a determinação estruturadora centrífuga do sistema herdado pela imposição sobre seus constituintes fortemente antagônicos da *estrutura de comando extremamente centralizada* de um Estado político autoritário. Foi o que fizeram, em vez de atacar o problema crucial de como *remediar* – por meio da reestruturação interna e da instituição de um *controle democrático substantivo* – o caráter antagônico e o simultâneo modo centrífugo de operação das unidades distributivas e reprodutivas particulares. A remoção das

104   *O século XXI – socialismo ou barbárie?*

personificações privadas do capital foi portanto incapaz de cumprir o que dela se esperava, nem mesmo como primeiro passo na estrada da prometida transformação socialista. Pois a natureza antagônica e centrífuga do sistema negado foi mantida pela superposição de um controle político centralizado em prejuízo do trabalho. De fato, o sistema metabólico social tornou-se mais incontrolável do que em qualquer época anterior, como resultado da incapacidade de substituir produtivamente a "mão invisível" da antiga ordem reprodutiva pelo autoritarismo voluntarista das novas personificações "visíveis" do capital pós-capitalista.

Ao contrário da evolução do assim chamado "socialismo realmente existente", o que se exigia como condição vital de sucesso seria a progressiva reaquisição pelos indivíduos dos poderes alienados de tomada de decisão política – além de outros tipos de decisão – na transição para uma sociedade autenticamente socialista. Sem a recuperação desses poderes, nem o novo modo de controle político da sociedade por seus indivíduos seria concebível, nem a operação diária não antagônica e, portanto, coesiva e planejável, das unidades produtivas e distributivas, autoadministradas pelos produtores associados.

A reconstituição da unidade da esfera material reprodutiva e política é a característica essencial definidora do modo socialista de controle do metabolismo social. Criar as mediações necessárias é tarefa que não pode ser deixada para um futuro distante. É aqui que a articulação defensiva e a centralização setorial do movimento socialista no século XX demonstraram seu verdadeiro anacronismo e sua inviabilidade histórica. Confinar à esfera política a dimensão abrangente da alternativa radical hegemônica ao modo de controle do metabolismo social do capital jamais poderá produzir um resultado favorável. Entretanto, no atual estado de coisas, a incapacidade de enfrentar a dimensão vital do metabolismo social do sistema permanece uma característica da expressão política organizada do trabalho. Este é o grande desafio histórico do futuro.

3.4.

A possibilidade de um movimento socialista radicalmente rearticulado enfrentar esse desafio é indicada por quatro importantes considerações.

A primeira é negativa. Resulta das contradições constantemente agravadas da ordem existente que acentuam a vacuidade das projeções apologéticas de sua permanência absoluta, pois a destrutividade pode se prolongar por muito tempo, como bem sabemos, em virtude de nossas condições em processo de constante deterioração, mas não eternamente. A globalização atual é saudada pelos defensores do sistema como a solução de seus problemas. Na realidade, ela aciona forças que colocam em relevo não somente a incontrolabilidade do sistema por qualquer processo racional, mas também, e ao mesmo tempo, sua própria incapacidade de cumprir as funções de controle que se definem como sua condição de existência e legitimidade.

A segunda consideração indica a possibilidade – e apenas a possibilidade – de uma evolução positiva dos acontecimentos. Contudo, essa possibilidade é muito real por a relação entre capital e trabalho ser não simétrica. Isso quer dizer que, enquanto o capital depende absolutamente do trabalho – dado que o capital nada é sem o trabalho, e de sua exploração permanente –, a dependência do trabalho em relação ao capital é *relativa, historicamente criada e historicamente superável.* Noutras palavras, o trabalho não está condenado a continuar eternamente preso no círculo vicioso do capital.

106   *O século XXI – socialismo ou barbárie?*

A terceira consideração é igualmente relevante. Refere-se a uma importante mudança histórica na confrontação entre capital e trabalho, e traz consigo a necessidade de buscar uma nova forma de afirmar os interesses vitais dos "produtores livremente associados". Isso contrasta nitidamente com o passado reformista que levou o movimento a um beco sem saída, liquidando simultaneamente até mesmo as concessões mais limitadas que foi possível arrancar do capital no passado. Assim, pela primeira vez na história, tornou-se totalmente inviável a manutenção da falsa lacuna entre *metas imediatas* e *objetivos estratégicos globais* – que tornou dominante no movimento operário a rota que conduziu ao beco sem saída do reformismo. O resultado é que a questão do *controle real de uma ordem alternativa do metabolismo social* surgiu na agenda histórica, por mais desfavoráveis que fossem as suas condições de realização no curto prazo.

E, finalmente, como corolário necessário desta última consideração, surgiu também a questão da *igualdade substantiva*, por oposição tanto à igualdade *formal* e à pronunciada *desigualdade hierárquica substantiva* do processo de tomada de decisão do capital, como a forma pela qual ela foi espelhada na fracassada experiência histórica pós-capitalista, pois o modo socialista alternativo de controle de uma ordem do metabolismo social não antagônica e genuinamente planejável – uma necessidade absoluta no futuro – é totalmente inconcebível se não tiver a igualdade substantiva como princípio estruturador e regulador.

4

CONCLUSÃO

Seguindo os passos de Marx, Rosa Luxemburgo expressou de forma notável o dilema que teremos de enfrentar: *"socialismo ou barbárie"*. Quando Marx formulou sua primeira versão dessa ideia, ele a situou no último horizonte histórico das contradições em evolução. Conforme sua visão, num futuro indeterminado os indivíduos seriam forçados a enfrentar o imperativo de fazer as escolhas certas com relação à ordem social a ser adotada, de forma a salvar a própria existência.

Quando Rosa Luxemburgo comentou essa dura alternativa, a segunda fase histórica do imperialismo estava em pleno apogeu, provocando em enorme escala o tipo de destruição inimaginável num estágio anterior de desenvolvimento. Mas a escala de tempo em que o sistema de capital continuaria a se afirmar na forma de "destruição produtiva" e de "produção destrutiva" ainda era indeterminada durante a vida de Rosa Luxemburgo. Não havia naquele tempo nenhuma potência – nem mesmo a união de todas – capaz de destruir a humanidade com seus conflitos devastadores.

Hoje a situação é qualitativamente diferente, e por isso a frase de Rosa Luxemburgo adquiriu uma urgência

108 *O século XII* – socialismo ou barbárie?

dramática. Não existem rotas conciliatórias de fuga. Ainda assim, nem mesmo o fato de se poder afirmar com certeza que a fase histórica do imperialismo hegemônico global haverá também de fracassar em razão de sua incapacidade de dar solução para as contradições explosivas do sistema, ou mesmo de adiá-las indefinidamente, é promessa de solução para o futuro. Muitos dos problemas que teremos de enfrentar – desde o desemprego estrutural crônico até os graves conflitos econômicos, políticos e militares internacionais indicados acima, e até a destruição ecológica generalizada observada por toda parte – exigem ação combinada em futuro muito próximo. A escala temporal dessa ação talvez possa ser medida em algumas décadas, mas certamente não em séculos. O tempo está se esgotando. Assim, somente uma alternativa radical ao modo estabelecido de controle da reprodução do metabolismo social pode oferecer uma saída da crise estrutural do capital.

Os que falam a respeito de uma "terceira via" como solução ao nosso dilema, e que afirmam não haver espaço para a revitalização de um movimento radical de massa, ou querem nos enganar cinicamente ao dar o nome de "terceira via" à aceitação submissa da ordem dominante, ou não entendem a gravidade da situação, acreditando num sonhado resultado positivo que vem sendo prometido por quase um século, mas que não dá sinais de se realizar. A verdade desagradável hoje é que se não houver futuro para um movimento radical de massa, como querem eles, também não haverá futuro para a própria humanidade.

Se eu tivesse de modificar as palavras dramáticas de Rosa Luxemburgo com relação aos novos perigos que nos esperam, acrescentaria a "socialismo ou barbárie" a frase "barbárie se tivermos sorte" – no sentido de que o *extermínio da humanidade* é um elemento inerente ao curso do

Conclusão   109

desenvolvimento destrutivo do capital. E o mundo dessa terceira possibilidade, além das alternativas de "socialismo ou barbárie", só abrigaria baratas, que suportam níveis letais de radiação nuclear. É esse o único significado racional da *terceira via do capital.*

A terceira fase do imperialismo hegemônico global, potencialmente a mais mortal, que corresponde à profunda crise estrutural do sistema do capital no plano militar e político, não nos deixa espaço para tranquilidade ou certeza. Pelo contrário, lança uma nuvem escura sobre o futuro, caso os desafios históricos postos diante do movimento socialista não sejam enfrentados com sucesso enquanto ainda há tempo. Por isso, o século à nossa frente deverá ser o século do "socialismo ou barbárie".

Rochester, julho-dezembro de 1999

ÍNDICE REMISSIVO

A

Aguinaldo, Emilio 43
Alemanha 38, 40
alimentos geneticamente
modificados 51
ameaça nuclear 10, 87
Angola 59
Argélia 57
Argentina 60
armas de destruição em
massa 10
Austrália 70-71

B

Bálcãs 62
Banco Mundial 49-50
Baran, Paul 45
biotecnologia 83, 87
Birmaneses 35
Blair, Tony 94
Boutwell, George S. 81, 86
Brasil 60

C

Capital
crise estrutural do 31, 59, 74
dependência do trabalho
105
desumanização do 17-18
movimento operário e 43
pluralidade de 46, 54, 89
subordinação do trabalho
ao 19
tomada de decisão 91, 99
unidade global de 99
capitalismo
ajuda externa ao 31
decolagem capitalista no 23
Terceiro Mundo 23, 28
desenvolvimento destrutivo
do 109
divisão hierárquica do
trabalho no 18
Estados nacionais e 12, 20
keynesianismo e 95-96

112   *O século XXI* – socialismo ou barbárie?

Carroll, Eugene 66
cartistas (Grã-Bretanha) 88
Chechênia 87
Chiang Kai-Shek 35
China 25, 35, 44-45
  desemprego na 74
  dominação estrangeira
    da 56
  política de "porta aberta" 44
  política dos Estados Unidos
    para a 66
Chomsky, Noam 47
Churchill, Winston 35-36
cientistas 84-85
classes trabalhadoras
  desenvolvimento das 88
colonialismo (*ver também*
  imperialismo) 87
comércio internacional
  política de porta aberta 44
  Roosevelt no 35
complexo militar-industrial
  30, 86
Conferência de Yalta (1945) 35
Congo 42, 58
Constantino, Renato 27,
  55-56
consumo 19, 21-22
controle sociometabólico 93
corporações
  dominação das 41-42
  multinacionais 100
  transnacionais 100
Cuba 42

D
De Gaulle, Charles 45
desemprego 20, 22-23, 26

crônico 26-27
  estrutural 22, 38-39
desenvolvimento 107
  destruição ambiental e 20
destruição ambiental 20
diplomacia das canhoneiras
  57
direitos de propriedade intelectual 52
direitos humanos 41
divisão do trabalho 18
Dulles, John Foster 45

E
Economist (Londres)
  sobre a China 68
  sobre a guerra 68
  sobre a pobreza 48 nota
  dominação americana
  sobre a Europa 34, 77-78
Einstein, Albert 84-87
Eisenhower, Dwight D. 59
El Salvador 60
eleições 26
energia 53
Espanha 43
estados 12, 20, 33, 45
  interesses nacionais dos
    46-47
estado de bem-estar 91
estados nacionais (*ver* estados)
Estados Unidos
  como a única superpotência
    remanescente 39
  como concorrentes do
    Império Britânico 38-39
  depois do colapso da União
    Soviética 59-61

Europa e os 66
imperialismo cultural dos
52-53
imperialismo econômico
dos 49-50
imperialismo hegemônico
global dos 72-73, 81
imperialismo na história
dos 42-46
intervenções militares dos 65
movimentos
anti-imperialistas nos 43
o que deve às Nações
Unidas 47
Otan e as políticas dos 62
política para a China 66-71
poluição gerada pelos 23-25
século americano dos 15-16
supremacia dos 34
Tratado de Segurança entre
Japão e 63
território militarmente
ocupado pelos 55
Europa 66, 77

F
Filipinas 27, 35, 43, 55-56,
58
França
imperialismo da 57
protestos contra o imperialismo americano na 50
Fuwa, Tetsuzo 63

G
Globalização 98-99
do capital 98
governo mundial 98-99

Grã-Bretanha (*ver* também
Império Britânico)
fim do império da 35
império colonial 35
Marx e a classe trabalhadora
na 88
na Otan 79
pobreza na 74
Granada 58
Grande Depressão 40
Grécia 58-59
Guatemala 42, 58
Guerra do Golfo 61, 64
Guerra do Vietnã 42
Guerra Fria 59, 61
Guerra hispano-americana
(1898) 43
Guiana Inglesa 42, 58

H
Healy, Denis 97
Henrique VIII (rei, Inglaterra)
29
Hong Kong 36
Howard, John 70

I
ilhas Senkaku 64
imperialismo
crise estrutural no capital e
no 59
cultural 52
declínio do Império Britânico 35
econômico, dos Estados
Unidos 49-50
hegemônico global dos
Estados Unidos 71

114 *O século XXI* – socialismo ou barbárie?

militarismo e 84-85
movimentos contra o, nos
Estados Unidos 81
na história dos Estados
Unidos 42-46
novo *versus* velho, Magdolf
sobre 38-39
Império Britânico
declínio do 35
ocupações militares pelo 55
Índia 55
sob o Império Britânico
28, 55
Roosevelt sobre a independência da 35
Indochina Francesa 35, 37
Indonésia 41, 65-66
Inglaterra (*ver* Grã-Bretanha)
integridade acadêmica 84
interesses nacionais 46-47
Irã 42, 60-61
Iraque 61

J
Japão 50
Tratado de Segurança entre
Estados Unidos e 63-65,
69, 71
Johnson, Lyndon 58

K
Kant, Emmanuel 41
Keynes, John Maynard 23-24
keynesianismo 30, 95-96

L
Lenin, N. 72
Liga das Nações 41

Lim Kit Siang 71
ludditas 90
Luxemburgo, Rosa 107-108

M
Magdoff, Harry 38-39
mais-valia 28
Malásia 71
Mao Tsé-tung 56
Marcos, Ferdinand 58
Marx, Karl 71, 88, 107
sobre a ajuda dada ao capitalismo pela realeza 30-31
sobre a desumanização do
capital 17-18
sobre o desenvolvimento do
capitalismo 20-21
Keynes *versus* 23-24
sobre os sindicatos trabalhistas (combinações) 90
México 60
Microsoft Corporation 51
militarismo 85
Einstein sobre o 85
Japão e o 64-65
Mobutu, Seseseko 58
Moçambique 59
modernização 25, 28-29, 73
no Terceiro Mundo, fim da 28
monetarismo 96
Monsanto (empresa) 51
movimento socialista 98, 105
movimentos anti-imperialistas
42-43

N
Nações Unidas 42, 46-47
neocoloniasmo 72-73

Índice remissivo   115

neoliberalismo 30, 96-97
New Deal 40-41
Nicarágua 60
Nishimura, Shingo 64
Noble, Denis 84
"Nova Ordem Mundial" 22, 59
Novo Trabalhismo (britânico) 25, 27, 51, 94

O

Observer (Londres) 34
ocupação militar 55, 64
Organização Mundial de Saúde (OMS) 50-52
Organização Mundial do Comércio (OMC) 50-52
Otan (Organização do Tratado do Atlântico Norte) 55, 62, 67, 76-79

P

Panamá 58
Papandreau, Andreas 58-59
partidos políticos 90-92, 102-103
patentes 54
Pinochet, Augusto 58
pluralismo 46
política de porta aberta 44
poluição 24-25
Porto Rico 43
Primeira Guerra Mundial 41-42, 44
privação de direitos da classe trabalhadora (proletariado) 25
proletariado (*ver* classe trabalhadora)

R

recursos naturais 53
Reino Unido (*ver* Grã-Bretanha)
religião 55
República Dominicana 42, 58
Robertson, Lord George 78
Roosevelt, Franklin D. 30-37, 40
Rostow, Walt W. 23
Rotblat, Joseph 83
Rússia 62
    na guerra com a Chechênia 87
    (*ver também* União Soviética)

S

Sachs, Jeffrey 47
Saddam Hussein 61, 67
Salk, Jonas 54
Schirmer, Daniel B. 42-43
século americano 15-16
Segunda Guerra Mundial 36, 44-45
sindicatos trabalhistas 89-91
sindicatos (*ver* sindicatos trabalhistas)
socialismo 94-98
Soesastro, Hadi 71
Solana, Xavier 79
Somoza, Anastacio 58, 60
Stalin, Josef 35, 92
Suharto 41, 58, 65

T

Talbot, Strobe 78
tecnologia 49-51

116   *O século XXI* – socialismo ou barbárie?

Thatcher, Margaret 83
Timor Leste 41
trabalho
  movimentos anti-imperialistas e 81
  sua dependência do capital 105-106
  pluralidade de trabalho social 54
  partidos políticos 90-92, 102-103
  pluralidade setorial do 98
  subordinação ao capital, 19
  desemprego 20-23, 95
  movimento trabalhista 89-95
Turquia 69

U
União Europeia (UE) 76-78

União Soviética 25, 61
  (*ver também* Rússia)
  colapso da 59-61
  união trabalhista na 91

V
Venezuela 87
Vietnã 58
Vinci, Luigi 95

W
Wilson, Harold 95-96

Y
Yeltsin, Boris 87

Z
Zhu Rongji 74
Zimbábue 59

OBRAS DO AUTOR

Szatira és valóság. Budapeste, Szépirodalmi Könyvkiadó, 1955.

La rivolta degli intellettuali in Ungheria. Turim, Einaudi, 1958.

Attila József e l'arte moderna. Milão, Lerici, 1964.

Marx's Theory of Alienation. Londres, Merlin, 1970. [Ed. bras.: *A teoria da alienação em Marx.* Trad. Nélio Schneider. São Paulo, Boitempo, 2016.]

Aspects of History and Class Consciousness. Londres, Routledge & Kegan Paul, 1971.

The Necessity of Social Control. Londres, Merlin, 1971.

Lukács' Concept of Dialectic. Londres, Merlin, 1972. [Ed. bras.: *O conceito de dialética* em *Lukács.* Trad. Rogério Bettoni. São Paulo, Boitempo, 2013.]

Neocolonial Identity and Counter-Consciousness. Londres, Merlin, 1978.

The Work of Sartre: Search for Freedom and the Challenge of History. Brighton, HarvesterWheatsheaf, 1979. [Ed. bras.: *A obra de Sartre: busca da liberdade e desafio da história.* Trad. Rogério Bettoni. São Paulo, Boitempo, 2012.]

Philosophy, Ideology and Social Science. Brighton, HarvesterWheatsheaf, 1986. [Ed. bras.: *Filosofia, ideologia e ciência social.* Trad. Ester Vaisman. São Paulo, Boitempo, 2008.]

The Power of Ideology. Brighton, HarvesterWheatsheaf, 1989. [Ed. bras.: *O poder da ideologia.* Trad. Magda Lopes e Paulo Cézar Castanheira. São Paulo, Boitempo, 2004.]

118   *O século XXI – socialismo ou barbárie?*

Beyond Capital: Towards a Theory of Transition. Londres, Merlin, 1995. [Ed. bras.: *Para além do capital: rumo a uma teoria da transição*. Trad. Paulo Cézar Castanheira e Sérgio Lessa. São Paulo, Boitempo, 2002.]

Socialism or Barbarism: from the "American Century" to the Crossroads. Nova York, Monthly Review, 2001. [Ed. bras.: *O século XXI: socialismo ou barbárie?*. Trad. Paulo Cézar Castanheira. São Paulo, Boitempo, 2003.]

A educação para além do capital. Trad. Isa Tavares. São Paulo, Boitempo, 2005.

O desafio e o fardo do tempo histórico: o socialismo no século XXI. Trad. Ana Cotrim e Vera Cotrim. São Paulo, Boitempo, 2007.

A crise estrutural do capital. Trad. Francisco Raul Cornejo. São Paulo, Boitempo, 2009.

Social Structure and Forms of Consciousness, v. I. *The Social Determination of Method*. Nova York, Monthly Review, 2010. [Ed. bras.: *Estrutura social e formas de consciência*, v. I. *A determinação social do método*. Trad. Luciana Pudenzi e Paulo César Castanheira. São Paulo, Boitempo, 2009.]

Historical Actuality of the Socialist Offensive: Alternative to Parliamentarism. Londres, Bookmark, 2010. [Ed. bras.: *Atualidade histórica da ofensiva socialista: uma alternativa radical ao sistema parlamentar*. Trad. Maria Orlanda Pinassi e Paulo Cézar Castanheira. São Paulo, Boitempo, 2010.]

Social Structure and Forms of Consciousness, v. II. *The Dialectic of Structure and History*. Nova York, Monthly Review, 2011. [Ed. bras.: *Estrutura social e formas de consciência*, v. II. *A dialética da estrutura e da história*. Trad. Caio Antunes e Rogério Bettoni. São Paulo, Boitempo, 2011.]

The Necessity of Social Control: enlarged edition. Nova York, Monthly Review, 2014.

A montanha que devemos conquistar: reflexões acerca do Estado. Trad. Maria Izabel Lagoa. São Paulo, Boitempo, 2015.

A revolta dos intelectuais na Hungria: dos debates sobre Lukács e sobre Tibor Déry ao Círculo Petöfi. Trad.

Este livro foi composto em Adobe Garamond, corpo 10,5/12,6, e reimpresso em papel Pólen Soft 80 g/m² pela gráfica Meta Brasil para a Boitempo, em setembro de 2021, com tiragem de 300 exemplares.